图书馆信息服务发展与
档案信息化建设

关 鑫 展银辉 石晓玲 著

汕头大学出版社

图书在版编目（CIP）数据

图书馆信息服务发展与档案信息化建设 / 关鑫，展银辉，石晓玲著. -- 汕头：汕头大学出版社，2022.11
　ISBN 978-7-5658-4861-2

　Ⅰ．①图… Ⅱ．①关… ②展… ③石… Ⅲ．①图书馆工作－情报服务－研究②图书馆－档案信息－信息管理－研究 Ⅳ．①G251②G250.73

中国版本图书馆CIP数据核字(2022)第213717号

图书馆信息服务发展与档案信息化建设
TUSHUGUAN XINXI FUWU FAZHAN YU DANGAN XINXIHUA JIANSHE

作　　者：	关　鑫　展银辉　石晓玲
责任编辑：	郭　炜
责任技编：	黄东生
封面设计：	刘梦杳
出版发行：	汕头大学出版社
	广东省汕头市大学路243号汕头大学校园内　邮政编码：515063
电　　话：	0754-82904613
印　　刷：	廊坊市海涛印刷有限公司
开　　本：	710mm×1000 mm　1/16
印　　张：	7
字　　数：	120千字
版　　次：	2022年11月第1版
印　　次：	2023年1月第1次印刷
定　　价：	46.00元

ISBN 978-7-5658-4861-2

版权所有，翻版必究
如发现印装质量问题，请与承印厂联系退换

前言

随着科学技术的高速发展，网络技术的发展也日新月异。现在是一个网络全面覆盖的时代，网络技术已经在各个领域得到了广泛的运用。网络科技的发展使我们的工作、生活更加快捷方便，也使得我们在关于信息服务领域方面的工作质量得到了很大提高。图书馆在开展服务工作的同时，主要以公共信息服务的理念开展服务工作，熟悉了解图书馆的信息服务，不但满足了用户对信息服务的需求，而且使图书馆信息服务的内涵得以发展，从而可以快速推动图书馆事业的发展，更好地建设图书馆的事业。

众所周知，基于信息化手段开展的图书馆档案管理工作，对于图书馆的档案完整保存、有效利用助益较大，所以图书馆需要对档案信息化建设的内容进行深入调查了解，在把握好该项建设工作必要性的基础上，采取行之有效的措施推动信息化建设工作的稳健进行，以此增强图书馆信息化建设的水平，强化档案管理的能力。

这是一本关于图书馆信息服务发展与档案信息化建设研究的著作。全书内容包括图书馆信息服务的基本理论、图书馆文献采访与信息服务、图书馆档案管理、图书馆档案管理的信息化建设研究。

全书结构严谨，内容翔实，注重实践性、针对性、实用性、有效性，给图书馆信息服务提供一些新思路和新举措。

笔者在撰写本书的过程中，得到了许多专家学者的帮助和指导，在此表示诚挚的谢意。由于笔者水平有限，加之时间仓促，书中所涉及的内容难免有疏漏之处，希望各位读者多提宝贵意见，以便笔者进一步修改，使之更加完善。

目录

第一章 图书馆信息服务的基本理论 ··· 1
第一节 图书馆的基础知识 ·· 1
第二节 图书馆信息服务的内容体系 ······································ 10
第三节 图书馆信息服务的新模式 ··· 33

第二章 图书馆文献采访与信息服务 ·· 40
第一节 图书馆文献需求分析 ··· 40
第二节 图书馆文献采访信息收集 ··· 45
第三节 图书馆文献采访方式及保障 ······································ 50
第四节 图书馆文献信息服务的发展 ······································ 60

第三章 图书馆档案管理 ·· 64
第一节 档案与档案管理的深刻理解 ······································ 64
第二节 图书馆档案管理的作用及意义 ··································· 81
第三节 图书馆档案管理工作的现实状况 ································ 83
第四节 图书馆档案管理工作的提升途径 ································ 84

第四章　图书馆档案管理的信息化建设研究……………………87
　　第一节　档案信息化建设的理论透视………………………87
　　第二节　图书馆档案管理信息化建设的必要性……………97
　　第三节　图书馆档案管理信息化建设的完善对策…………99

结束语…………………………………………………………………101

参考文献………………………………………………………………102

第一章
图书馆信息服务的基本理论

随着社会经济的发展与科学技术的不断进步，图书馆信息服务的创新与发展也逐渐变成图书馆管理者与信息需求者所共同关注的话题。在新时期信息化时代的发展背景下，作为获取信息资源重要途径的图书馆如今也随着信息获取渠道的多样化而面临着新的挑战，只有不断完善图书馆各项服务及创新管理模式才能满足信息需求者不断提高的信息获取需求，促进图书馆可持续发展。本章主要论述图书馆的基础知识、图书馆信息服务的内容体系、图书馆信息服务的新模式。

第一节 图书馆的基础知识

一、图书馆的定义理解

图书馆是搜集、整理、收藏图书资料，以供人们阅读、参考的公共机构，是由馆舍、文献和人员共同构成的综合体。在图书馆中，人是活动的主体，图书馆中的各项活动都是以人为中心展开的。图书馆中的馆员是内部群体，读者是外部群体，两者之间在工作中的默契与配合，才能使得图书馆的工作正常开展，使图书馆的社会功能得以体现。

具体来说，图书馆的定义可以从以下方面去考虑：①图书馆是一个信息交流与管理的系统；②图书馆是一个动态的系统，它的职能、机构、形态随着时代的变化而变化；③图书馆是一个公共性的科学、教育、文化、服务机构，是专门为公众服务的社会组织；④图书馆通过为所有的读者服务，从而达到为经济基础和上层建筑服务的目的；⑤图书馆的主要功能可以概括为管理信息和交流信息，并使其增值。

二、图书馆的产生与发展

（一）图书馆的产生

图书馆是在特定的背景下产生的，它的诞生以浓厚的文化背景为依托，一是文字的诞生，二是所留存的文献。文字的价值就在于记录事件，传达信息，它是不可替代的书写符号。文字产生的过程中，几个节点十分关键——象形文字的诞生是埃及人智慧的彰显，它的另一个名字被称为纸草文字；楔形文字是文字发展史上的另一个高峰，苏美尔人为文字的产生做出了不朽的贡献；商朝人对于文字发展的贡献在世界文字发展史上得到了较大的认可，甲骨文是他们不朽的杰作。

文字诞生以后，相应的载体也就随之出现。在文字数量不断上升的背景下，为了使记录更为真实，对事物的情感流露更加准确，文献也就随之而出现。文献是指记录有知识和信息的一切载体。例如埃及的纸草卷、我国古代的甲骨文献、金石文献、泥陶文献、简帛文献等，都是不同载体的文献；再比如现在的纸质文献、光盘、缩微胶卷等也是不同载体的文献。由于文献记录、展示、保存了文字，所以文献是人类文明传承延续的集中体现。伴随文献数量的不断增加，将文献有序保存的需求逐渐出现，人们需要有一个地方保存文献，并且要有专人来管理文献，这样图书馆就应运而生了。

根据考古学家的推测，世界上最早的图书馆4000多年前诞生于两河流域，也就是今天的伊拉克境内，那个时期的图书馆和档案馆没有明确的区分，一般同时兼有二者的职能；真正意义上的图书馆的产生是公元前7世纪亚述帝国首都尼尼微的皇宫图书馆，该馆藏有大约25000块泥版文书，并建有目录；后来古埃及开始有了王室图书馆和寺院图书馆；古希腊也建有为贵族保存文献的图书馆和著名学者的私人图书馆。公元前288年，埃及亚历山大图书馆建成，该馆典藏丰富，学者云集，被誉为世界古代图书馆的代表。

而在中国，公元前13世纪的殷商时代，甲骨文出现后，王室就有了保存典籍的地方，实际上这就是图书馆的萌芽。图书馆真正有文献可考的历史始于东周春秋时代，那时王室中有了专门的典藏处——藏室，并设立了专门的职官来管理文献。据《史记》记载，我国著名的哲学家、思想家老子在周代担任"守藏室之史"（文献典藏处的最高领导）。后人将老子誉为中国最早的图书馆馆长。

（二）图书馆的发展

1.古代、近代图书馆

就全世界范围而言，自图书馆登上历史的舞台之后，由于中世纪独特的神权制约，大多数教堂中都设置了图书馆，这与教会掌握话语权有着最为直接的联系；11世纪左右，西方大学的影响力不断扩大，大学当中的图书馆影响力不断扩大；15世纪后期，随着文艺复兴在全球影响力的上升，欧洲不少国家都相继建立了图书馆。尤其是西方国家受到我国造纸术影响之后，图书馆建设更是愈演愈烈，藏书的数量较之前也急剧上升。

步入近代，英国革命使得资本主义社会发生了翻天覆地的变化，西方国家的资本主义悄然萌芽，这也使得图书馆发展迈上了快车道。资产阶级重视学习教育，不断开设各种类型的图书馆，目的就在于帮助劳动者普及知识。在这样的背景下，原来从属于皇室的图书馆与社会的结合更加紧密，他们脱离了和教堂的关系，图书馆的社会性越来越强。

从我国的历史来看，至早在周代才有了图书馆。随着图书馆的出现，相应的管理机构也随之诞生。秦朝专门对图书馆进行管理的部门是"柱下史"；至汉代，图书馆建设已经较为成熟，拥有了较大的规模。隋唐时期，我国经济进入了一个历史高峰期，文化发展愈加繁荣，印刷术也更加成熟，这些都为图书馆的发展奠定了深厚的基础。除了国家藏书之外，私人藏书的影响力也逐渐扩大。宋代以后直至我国整个封建社会结束，图书馆保持着较快的发展步伐。印刷术方便了文献的传播，各种类型的书籍也都得到了最大范围内的流传，这些都促进了图书馆行业的日益繁荣。宋代的书院对于文献的传播也起到了极大的推动作用，信息的传递更为便捷。

19世纪40年代，更多面向社会的、融合性的图书馆开始诞生。在我国，由于上海独特的地理位置和其开放包容的城市特色，使其成为近代图书馆的奠基之地，最具代表性的就是19世纪40年代诞生于徐家汇的图书馆。除此之外，我国图书馆发展史上，武汉的重要性也不可忽视，它成为近代图书馆的又一个重要奠基之地。20世纪初，韦棣华着手开始创办具有地方特色的图书馆，经过几年的积淀，属于文华学校的图书馆正式投入使用，学校的师生可以在这里汲取知识，享受各种各样的优质资源，满足自己对知识的多样化需求。20世纪，图书馆进入了另一个快速发展阶段。1902年对于我国图书馆业的发展而言是十分关键的一年，京师大学堂登上历史的舞台，它的建成和投入使用是我国图书馆建设过程中的一件大事，直至今天依然有着不可忽视的影响。1909年所成立的京师图书馆在三年之后正式对外开放，它的成立在近代图书馆建设史上留下了浓墨重彩的一笔。

2.现代图书馆

第二次世界大战以后，电子计算机等技术逐步在图书馆应用，图书馆的馆藏结构、服务方式、服务手段发生了巨大变化。特别是进入21世纪后，电子图书馆、数字图书馆发展迅速，使图书馆的形态和职能发生了革命性的变化，图书馆的工作效率和服务效率大大提高，服务不断深入。图书馆的文献载体不断丰富，不仅收藏印刷型的图书文献，也大量收藏非印刷型文献信息（缩微制品、录像带、磁盘、光盘、数据库等），大大改变了和丰富了馆藏；图书馆之间的联系更加密切，向网络化、国际化方向发展；图书馆的职能不断扩展，除了保存文化典籍、普及科学文化知识、进行社会教育外，还增加了信息开发传递和智力资源开发、文化休闲等职能。

三、图书馆的职能演化

图书馆是人类社会发展到一定阶段的产物，其产生的前提是社会信息交流保存，直接动力是文字和文献的产生。图书馆的发展离不开社会生产力发展，受到社会因素综合作用的影响，同时又在社会发展和人类进步中发挥了重要作用。从图书馆发展历程看，其自身的职能也是随着社会的推进不断变化的，不同时期都有相应的表现形式，与社会赋予的历史使命不可分割。

在历史上，图书馆扮演的最重要角色是文化交流的媒介，这也是图书馆的社会性、教育性、学术性、服务性的根本。图书馆性质的多样性，使之成为兼具多功能的综合体。早期图书馆主要承担文献保存的职能，以供读者阅读利用。随着时代发展，图书馆面向社会开放，在继承传统功能的基础上，进一步演化出越来越丰富的内涵，包括教育、科研、文化服务等，其社会化职能被不断强化。纵观历史，图书馆职能主要表现在以下方面：

（一）文化传承

文献是人类千百年积累的重要财富，其中蕴含的知识也是人类赖以进步和发展的重要基础。任何一个图书馆，都是人类精神文明的基地，是任何机构都无法替代的。只要人类还在生存和发展，就需要文献和阅读，作为保存人类文化遗产、传承和交流知识信息的图书馆，始终是人类文明的丰碑。

在古代社会，图书馆主要职能是保存传递文化遗产，包括对文献的搜集、整理、加工、组织管理、传播等。这是图书馆最基本的职能，也贯穿了图书馆发展的全过程。从图书馆远古的遗迹中可以看到，其原始文献记载了当时的社会生活、生产、宗教、战争等各种活动，是人类文明的远古记忆，至今仍具有宝贵价值。

进入封建社会，伴随着生产力提高，社会财富增加，以及社会分工细化，图书需求和流通数量大增，图书馆逐步成为独立机构，藏书功能也日渐完善。这一时期的西方图书馆多存在于教堂和修道院，称为寺院图书馆，文献利用范围只限于极少数权贵人群。而在我国，古代图书馆分为官府、书院、寺院、私家四个体系，以"阁""楼""斋""院""府""堂"等为名，最普遍的称谓莫过于"藏书楼"。在漫长的封建社会里，藏书楼以收藏和保存图书为主，为后世积累和保存了大量文化典籍，也创造了搜集、整理文献的宝贵经验做法，形成了较完善的藏书管理体系。藏书楼经久不衰、代代延续，直到近代才被真正意义的图书馆所替代，不论形式如何，其历史使命一脉相承，为文化传承提供了丰富的资源和场所。

"图书馆具有丰富的历史文化资源，承载着传承中华优秀文化的重要任务。"[1]通过图书馆，人类的知识代代积累传承，向社会广泛传播，创造更多的精神和物质价值。图书馆在历史长河中，可能会因各种原因遭受建筑和文献的损毁遗失，但其核心价值即知识和文化的传承精神却永世长存，生生不息，也是其随时间流逝一次次重生的根本原因。图书馆场所可以修缮和重建，文献内容可以

---

[1] 凌霄城.图书馆文化传承与文化育人的理论及实践[J].广西民族师范学院学报，2021，38（3）：30-35.

复制和传播，图书馆学理论和管理制度可以发展完善，只要其精神内核得以继承和发扬，就能保证人类知识和文明的传承。

（二）教化育人

教育也是图书馆自古以来主要社会职能之一。书院是我国封建社会特有的一种机构，兼具藏书、教学功能，古代书院同现代图书馆一样对智慧资源有着丰厚的积累。书院在长期发展中，积累了丰富的教学经验，遵循着"传道授业解惑也"的教育理念，培育学子，传授知识。书院中，老师提倡学生自学博览群书，并借助丰富的藏书指导学子，以此来完成人才培养的职能或目的。同时，书院在教学中还贯彻秉持着儒家思想道德体系的育人核心，于德于才培养学生，最知名的是古代四大书院（应天府书院、岳麓书院、白鹿洞书院、嵩阳书院）。正是这样的先贤士人通过书院培养后学，才使得中华文化延绵不断地传承。

伴随着社会制度进步，相对封闭的藏书楼已不能适应社会发展需要，文化知识成为社会的迫切需求。为了充分保障人人有权享受教育的基本人权，图书馆有责任和义务面向社会提供知识服务、信息服务，以补充学校课堂教育的不足。在西方，许多国家先后建立全国性的图书馆并对社会开放。近代以来，随着西学东渐的潮流，我国也相应出现了面向社会开放的图书馆，如湖南省图书馆和京师图书馆等。同时，学校图书馆、专门图书馆等也纷纷建立和开放，成为普及社会教育的重要场所。

图书馆基于藏书知识的广泛性和资源利用的公共性，在教育对象和教育内容上都更为广泛，优于其他教育设施。图书馆育人，一方面在于采编丰富的文献资源，另一方面在于提供高质量的阅读学习指导。当前时代，网络改变了人们的工作、学习和思维方式，教育正在从传统的阶段性教育向终身教育转变，而图书馆承担着社会教育的义务，是社会化、大众化的终身教育体系的重要部分。在这个发展转变的潮流中，图书馆理应更加主动地参与到教学活动中来。新时代的各类型图书馆在信息资源和用户间扮演的角色越来越重要，高校图书馆变成大学的心脏，成为学习资源中心（learning resource centers），公共图书馆也成为区域或社区的信息中心（information centers）。借助信息技术发展和远程教育普及，图书馆逐步突破传统上读者所受的空间限制，更好地满足资源利用的需求，服务学习用户。图书馆丰富的馆藏资源、开放的特性、良好的人文环境、现代化的设施和服务，都成为在实施终身教育中的优势，成为终身学习的理想工具。

（三）学术研究

图书馆有大量的馆藏文献，其中蕴含了丰富的知识和思想，在提供文献利用的同时成为学术研究的沃土。任何学术研究都必须借助于图书馆资料所记载的知识和经验，图书馆的资料搜集整理也是科研活动的前期工作，是科研活动不可分割的一部分。同时，图书馆往往也是学术研究和交流中心。远古图书馆参考工具书和书目的编制，至今仍为人们提供了研究古文字、古文献的第一手资料，如对楔形文字的解读就取决于亚述巴尼拔图书馆遗址中文法书、辞典、参考书及百科全书的发现，为现代人考证和译解各类楔形文字文献提供了工具。

我国古代书院藏书与学术研究密不可分，许多私家或地方设立的书院藏书丰富，其知识量巨大、学术价值颇高，因而成为文人学者研究学问的理想场所，名儒贤哲云集于此，利用这里宝贵的学术资源从事研究，著书立说，推进了古代文化科研事业发展。

进入近现代，图书馆的学术研究职能，更多体现在高校图书馆。首先，高校图书馆本身是学校文献信息中心，也是为科研服务的学术性机构，学术研究职能是其本身属性。其次，高校作为社会学术研究中心，附属的教师、科研人员与学生均也具备相当的学术水平和知识技能储备，这些群体是高校图书馆重点服务对象，他们对文献的要求是全面、系统、专深、针对性强、前沿化，这也对图书馆馆藏和服务质量提出较高要求。为此，高校图书馆有责任和义务对文献资源进行深层开放利用，挖掘学术价值，同时开展相应的服务助力学校科研发展，诸如以专题和跟踪服务来加工研究相关文献，承担高校各种课题研究的文献保障等，这正是其学术研究职能的内涵。

（四）阅读推广

"阅读是满足人们强烈文化生活需求的重要途径"[1]，是图书馆的永恒主题和传统所在。图书馆掌握读者的阅读动机和阅读兴趣，有利于对阅读过程中的阅读需求分别采取支持满足、启发引导和控制劝阻的不同措施，使读者的阅读行为

---

[1] 贾颖.关于图书馆阅读推广困境与对策的分析[J].内蒙古科技与经济，2022（6）：156-157.

能达到预期的目的并向正确的方向发展。大众读者来自各行业、各阶层。在促进大众阅读的过程中，图书馆历来是一种重要的力量。从19世纪英美公共图书馆诞生伊始，就形成了一种传统，即推动大众阅读。在这种理念的支配下，当时的公共图书馆自认为有责任把好书提供给读者，甚至影响读者的阅读趣味。但过多地关注所谓"好书"，专注于去干预读者的阅读选择，其结果是忽视了对读者阅读兴趣的培养，最终也影响了图书馆的利用率。直到"二战"以后，关注并尊重大众的阅读需求的理念逐渐占了上风，休闲性阅读的正当性逐渐得到确认。同时，图书馆也认识到休闲性阅读对于培养人们的阅读兴趣、知识扫盲等方面具有不可替代的作用，进而转变为对此持肯定、支持与保护的立场，极大地推动了民众阅读的普及和推广。

我国古代的阅读史，是以"仕"为目的的阅读史，阅读内容多以儒家经典为主导，读书更多是贵族专利，成为封建统治的工具，老百姓很难接触到更深层次的东西。随着社会文化的开展，纸质书的出现，民间开始有私人的藏书阁和藏书室，老百姓也可以读书，阅读开始平民化。科举制度的形成又给了普通民众一条改变命运的晋升渠道。因此，在知识大普及以前藏书阅读主要承担的是价值意义。

进入近代，我国众多图书馆纷纷以开启民智为契机而创建，其阅读推广的社会功能愈加受到重视。民国时期，越来越多的图书馆开始提供外借服务，完善了预约借阅制度，还创生出了邮寄借书、代办借书、送书上门等特色服务，免费借阅的理念也逐步盛行。这一时期，出现了许多服务民众的阅读推广形式，如通俗图书馆、民众图书馆、公众图书馆、巡回文库等。这些形式多样的图书馆，倾向于为底层民众服务，推广通俗教育，具有简易性、流动性、灵活性，是当时提高图书利用率，使图书贴近最广大民众的最好办法。我国近代图书馆为促进阅读推广所做的种种努力，至今仍有许多值得借鉴之处。

现代阅读推广，以提高国民文化素质、提升国家文化软实力、加快民族富强和民族振兴的进程为战略目标，培养民众的阅读兴趣、阅读习惯，从而提高民众的阅读质量、阅读能力、阅读效果。图书馆集聚着海量的阅读资源、舒适的阅读环境，是知识集散和学习阵地，也是开展全民阅读的最佳场所，其阅读推广职能为大众提供了阅读的资源和平台，在深化全民阅读、推进文化建设中功不可没。

（五）情报咨询

情报咨询是图书馆面向用户的重要业务，也是其主要社会职能之一。随着科学技术发展，信息化时代到来，更多的现代技术在图书馆中被应用，彻底改变了图书馆的馆藏结构、工作方式和服务内容。图书馆对社会的开放力度不断加大，与社会融合的程度不断加强，借助数字和网络技术，在服务领域不断实现拓展和升级。

图书馆情报咨询服务起源于19世纪下半叶的美国。美国图书馆协会认识到，图书馆应对有情报资料获取需求的用户给予专门帮助。此后情报咨询服务理论逐渐被图书馆界接受和应用。20世纪初多数大型图书馆成立了参考咨询部门并逐步成为图书馆服务中的一项重要内容。随着文献信息的激增和用户需求的增长，咨询服务内容从早期的指导利用图书馆、利用书目解答问题等，逐渐发展到对文献信息的分析、评价和情报再组织。到20世纪40年代，又进一步开展了包括回答事实性咨询编制书目、文摘，进行专题文献检索，提供文献代译和综述等服务项目。20世纪80年代末，随着信息技术的飞速发展，电子通信技术使图书馆情报咨询迎来了新的机遇和挑战。图书馆信息化自动化和文献载体的多样化，使咨询服务逐步深化，转化为以网络信息为中心的情报服务。网络时代的到来还加速了图书馆社会藏书与服务体系的发展，图书馆网络与社会大系统紧密融合，促进资源共建共享的同时，也提升了情报咨询服务的效率和实用性，使其社会化应用的实践意义进一步凸显。

我国图书馆咨询服务始于近代，民国时期图书馆在提供阅览外，也开始为读者提供口头咨询和书面咨询，为读者答疑解惑。第一个正式设立专门部门并开展相关工作的是清华大学图书馆，随后国内其他大学图书馆也纷纷效仿。与此同时，公共图书馆也开展了参考咨询服务，功能维度日益丰富完善。

中华人民共和国成立后，图书馆咨询业务进一步发展，各图书馆相继设立了比较专职的参考咨询机构，称呼也不尽相同，如参考组、研究组、研究部、参考资料室、参考阅览科等，对用户咨询的解答也愈加专业化，并编制各种专题书目。在政策上，国家出台了一系列有关图书馆的工作条例，从制度上保障了图书馆各项业务的有序开展，咨询工作全面展开，进入迅速发展阶段。与此同时，图书馆相互交流与合作，开展了定题、跟踪、对题取书等多种服务，图书情报会议也相继举办。20世纪80年代后，在新技术浪潮推动下，情报咨询工作开始走上网络化、信息化发展道路，图书馆情报信息中心的地位也越发突出，服务内容在对网络资源整序和导航的信息处理外，还发展出深层次的科技开发、科学管理等任务。同时，读者需求范围扩大，新的情报咨询服务方式也逐渐增多，这些都使情报咨询工作向更广更深的方向推进。

总之，承担起新时代的历史使命，是图书馆应有的责任。图书馆职能的演进，是社会的需要，也是历史的必然。图书馆发展至今，已成为兼具保存文化资源、普及文化知识、加强社会教育、推进学术发展、传递科技情报等多种功能的服务机构。图书馆是社会整体的一部分，融合于社会大环境中发挥自身作用，这就要求图书馆必须紧随时代，面向社会发展趋势，满足不断变化的需求，提供与之相应的服务形式和质量。这也是图书馆事业兴旺发展的内在要求。

第二节 图书馆信息服务的内容体系

一、相关概念辨析

信息是事物运动的状态与方式，是物质形态及其运动形式的体现，这是一般意义上的信息定义。就信息的存在形式和表象而论，信息的概念十分广义。如果引入约束条件，层层限制，则可以形成信息的概念体系。而从资源的角度来认识，信息并非就是资源，只有经过人类开发与组织的信息才能构成信息资源。本小节总结了近些年关于信息、知识、情报以及信息资源的概念、定义、特点、性质、作用等，以便读者能更加系统全面地理解和掌握这些内容，从而更好地开展信息服务。

（一）信息

"信息"自古有之，"知己知彼，百战不殆"就是中国人早期信息意识的反映。如今，我们每天都与信息打交道，每时每刻都在使用"信息"这个词汇进行交往。信息已经深入到社会生活的各个方面、各个行业、各个地区。可以说，信息与我们的衣食住行密切相关。信息是事物的属性，是事物间相互作用所蕴涵的关于事物运动状态和方式。它是在事物间相互作用的基础上构成的事物联系的中介。

1.信息的本质特征

众所周知，物质在使用中是消耗的，能量就其个体而言在使用中也是消耗的，但是就其整体而言则是恒定的。而信息在其传递和使用过程中却具有自己的特性，即随着时间而流失，信息价值由于重复使用和自身老化可能失值，也可能随着重复使用和再加工而产生信息增值。因此信息作为一种资源，从形式上看，信息量的大小是可以测量的；从内容和价值上看，信息是可以评估选择的，并根据其内容和价值做出恰当的判断和决策。从不同的角度对信息进行划分，可产生不同的类型，所以信息具有以下区别于其他事物的本质特征。

（1）普遍性与客观性。由于信息是事物存在的方式和运动状态的反映，所以信息具有普遍性。运动着的事物在世界任何地方无时无刻不在生成信息。事物只要存在，只要在运动，信息就存在。信息无所不在，物质的普遍性以及物质运动的规律性决定了信息的普遍存在性。信息的存在是客观的，因为客观世界的一切事物都在不断地运动变化着，并表现出不同的特征和差异。这些特征变化就是客观实在，并通过各种各样的信息反映出来。

（2）无限性与相对性。生物界中的信息交流早在人类社会以前就被证明已经存在。无论是宏观还是微观，在各个领域和层次，都存在着信息的产生、交流和不断消逝的现象。由于客观事物都在不停地运动变化，所以信息也随之不断更新。这就要求我们在获取或利用信息时必须树立时效观念，不能一劳永逸。客观上信息是无限的，但是人们获得的信息却是有限的，这就是相对性。尽管在社会发展的某一阶段内，由于人类认识领域的有限性，使得信息获得是有限的，但并不能由此否认信息资源的无限性。此外，由于每个人的感受能力、理解能力的不同以及不同的目的性，各自得到的信息量也有所差异。

（3）共享性和时效性。信息区别于物质的一个重要特征是它可以被信源与众多的信宿共同占有，可以被众多用户所共享，即共享性。共享性又称为非消耗性，即信息在一定的时间内可以多次、被多方面的用户所使用，而本身并不消耗。人是信息的所有者，传播给别人后自己仍然拥有。众所周知，不论是任何发明创造，都要花费很长的时间和物力、财力，而且还要经历曲折和失败，最后才能获得成功。但是，取得的成果别人只要很短的时间内就可以学习吸收，并转化成为自己的知识。所以充分利用别人的成果是发展自己的最经济的有效办法，也是通向成功的捷径。此外，信息还具有较强的时效性。这是因为客观事物总是不断地发展变化，因而信息也会发展变化，如果信息不能适时地反映事物存在的方式和运动状态，那么这一信息就失去其效用。在现代信息社会里，人类要依据信息的共享性及时效性这一特征来开发利用信息资源，就有可能在其内容及范围上实现共享，使信息最大限度地造福于人类。但是任何事物总有其两面性，由于信息具有时效性，因而，又常常制约着其共享的范围。

（4）真实性和目的性。这是信息的最基本特征之一。真实性也是信息的中心价值所在，不符合事实的信息不仅没有价值，而且会导致决策的失误，造成经济的损失。尤其是在经济管理活动中，信息的真实性显得更加重要。经济信息是管理与控制企业生产经营活动的基础，必须尊重经济活动的客观规律，从实际情况出发，如实地反映生产经营的运行情况，才能使企业发展壮大。

（5）扩散性和传输性。信息的扩散性是其本性，它就好像热源总是力图向温度低的地方扩散一样，信息也力图通过各种渠道和手段向四面八方传播。信息的浓度、信息源与接收者的梯度是和信息的扩散力度成正比的，即信息的浓度越大，信息源与接收者的梯度越大，则信息的扩散力度就越强，反之信息的扩散力度就越弱。信息的扩散一方面有利于知识的传播；另一方面又可能造成信息的贬值，不利于保密工作，不利于保护信息所有者的积极性（如盗版软件、光盘等）。所以，我们在鼓励加快信息传播的同时，还应该制定和完善有关的法律制度（如《保密法》《专利法》《出版法》等），从宏观上控制信息的非法扩散。

另外，信息是可以传输的，它可以利用电话、电报等进行国际国内通信，也可以通过光缆卫星、计算机网络等将信息传遍全球。信息传输的形式包括数字、文本、图形、图像和声音等。

2.信息的不同种类

信息的种类很多，按照不同的分类标准，有不同的种类。

（1）按照信息的发生领域分类，信息可以分为自然信息和社会信息。

自然信息是指自然界中的各种信息以及人类所赖以生存与生产的物质所产生的信息，包括生命信息（如：各类动物之间传递的语言、遗传基因的生物信息）、非生命的物质存在与运动信息（如：天气变化、地壳运动、宇宙演变等的物理信息）、非生命物质与生命物质之间的作用信息等。

社会信息指人类各种活动产生、传递与利用的信息，包括人与人作用、人与机作用信息等。由于人类的一切活动均在一定社会条件下展开，因此由各种人类活动所引发的信息皆属于社会信息的范畴。包括经济信息、科技信息、政治信息、军事信息、文化信息等。

人类的各种活动需要通过社会进行组织协调，而反映这些活动的社会信息是实施社会控制和开展各种业务活动的中介，因此，社会信息在人类社会中具有关键作用。从另一方面看，只要有社会活动，就必然有社会信息的存在。在社会发展中，社会信息活动是人类自身创造、发展的表象，是表达与完成思维活动所必须具备的前提条件，是构成社会的一种基本要素。

人类对自然信息发掘的成果是反映自然现象及其规律的认识和知识信息，而认识与知识信息作为一种社会中科学研究与开发产物，广泛应用于社会的各个方面。这说明，只有通过人类的科学研究，自然信息才有可能转化为社会知识信息。社会信息来源的另一方面是人类生活、生产、产品交换、战争、文化等活动中的各种交往和相互作用。这些信息不仅全面体现了人类社会状况和各种活动，而且是组织社会的政治、经济、科技、文化、军事等活动的一个基本条件。

（2）按信息的表现形式分，信息可以分为消息、资料和知识。

消息是关于客观事物发展变化情况的最新报道。因为消息记述的是动态的、当前的事物，不是过去的，也不是未来的。所以消息生存期短暂，不能积累存储，除一部分转化为资料存留外，多数自然泯灭。此类信息主要用于了解情况，帮助决策。

资料是客观事物的静态描述与社会现象的原始记录。因为资料是客观事实的真实记载，不是人们的发明创造，没有假说，没有定义，没有理论。所以资料生存期久远，主要用作论证的依据。

知识是人类社会实践经验的总结，或发现、发明和创造的成果。因为知识具有普遍意义，人们通过学习创造掌握了知识，就可以提高才干，更有效地进行各种活动。所以通过学习、掌握、运用这些知识，可以更有效地开展各项社会活动。

（3）按人的认识层次分，信息可以分为语法信息、语义信息和语用信息。

语法信息指能使人感知事物的存在方式和运动状态的信息。此类信息只表现事物现象，不揭示变化的内涵及其含义。它是信息认识过程的第一个层次。语法信息在传递和处理过程中永不增值，相反，由于噪声干扰或处理中的误差，还可能减少。

语义信息指能使人领会事物存在方式和运动状态逻辑含义的信息。此类信息不仅反映事物运动变化的状态，而且揭示其意义。它是信息认识过程的第二个层次。

语用信息表述的事物存在方式和运动状态，给人以明确的目的效应，突出"用"的效果。这是信息认识过程的最高层次。

总之，信息的种类繁多，除上所述，信息还可细分，例如，还可以分为自然信息、机器信息和社会信息；按信息的内容划分，还可分为经济信息、科技信息、政治信息、文化信息和政策法规信息；按信息的来源划分，还可分为内部信息和外部信息（组织内部、外部）；按信息的传递方向划分，可分为纵向信息、横向信息和网状信息等，这里，对这些分类就不再一一赘述。

3.信息的本质属性分析

从上述这些对信息的描述中，我们给予"信息"这个含义极其广泛的基本概念三个本质属性。

第一，信息应具备物质所特有的"介质"属性。信息作为物质所拥有的"介质属性"的第一特征，这是它与"物质"概念纠缠不休的主要原因，也是人们难以对它进行高度理论概括的难点之一。人们想象它与物质有关，与传递过程的能量有关，也与意识有关，可是，它既不能简单用"物质"概念概括，也不能用"能"的概念概括，更不能用"意识"的概念来概括。

第二，信息必须是被传递过程中的"介质"。只有在被传递过程中，介质才能名副其实地成为信息，成为物质运动过程中的一个"中间环节"。任何物质都有可能成为他物的"介质"，也就是说，任何物质都具有被当作介质使用的属性，都有被利用为"介质属性"的可能。物与物之间的关系是这样，人与人之间的关系也是这样，人与物之间的关系还是这样。

第三，信息必须是能够实现对应链接条件的"介质运动"。信息，不在于人们对它认识上"是有用信息还是无用信息"，也不在于哪些介质传递是主体（人类）的属性，哪些介质传递是客体的属性，而在于运动介质能不能对"他物"实现它的信息"条件"反应。

4.信息的功能体现

信息的功能是信息属性的体现，其功能可分为两个层次：信息的基本功能和信息的社会功能。

（1）信息的基本功能。信息的基本功能主要表现在信息的认识功能。它是辩证唯物主义认识论的基础，是揭示客观世界发展规律的重要途径。

第一，信息具有资源功能。人类社会的每次飞跃都与信息密切相关，人们是通过对客观世界各种信息的接受、处理、吸收并不断地利用和"物化"，促进社会的持续发展。目前，信息处理由于采用了先进的计算机技术和通信技术，接受能力、传播能力、处理能力都得到了很大提高，加速了信息的开发与利用，从而推动了社会的发展和进步。

第二，信息具有中介功能。信息的中介作用表现在人与客观事物以及人与人之间。人与客观事物之间是一种认识与被认识的关系，人对客观事物的认识是以信息的存在为条件的。在人与人之间的交流活动中，信息是沟通的桥梁和纽带。

第三，信息具有管理功能。从管理角度讲，管理系统就是一个信息的输入、处理、输出与信息反馈系统，在这个系统运作过程中，每个环节都必须以信息为依据，也必须以信息作为相互联系的条件。没有信息，就没有管理的基础。

（2）信息的社会功能。信息的社会功能可以从自然信息与社会信息两个方面来论述。

一是自然信息的社会功能。首先，自然信息反映了物质世界的运动及其属性，它是对人的客观刺激（引起人的感觉），是人类认识物质世界的先决条件；信息源于物质的运动，早在生命现象出现之前，自然界中无机物之间、无机物及其周围环境之间就存在着相互作用，存在着运动、变化的过程，因而存在着信息的运动过程。由于无机物不能利用信息而只能被动地接收信息，只有有机物才能利用信息使自身发展通过进化不断向更高层次的有序态势发展。其次，自然信息是人类发掘自然物质资源的中介，通过自然信息资源的获取与处理，人类发现、开发、利用自然资源；信息如同一座桥梁，其作用在于实现人类与自然界的沟通。人类通过自己的感觉器官从物质世界中感知和提取信息，然后通过大脑的加工，以信息输出的形式作用于物质世界而达到改造的目的，信息始终是这个过程的中介和替代物。此外，自然信息作用于人类，必然导致人类自然科学知识的产生，从而形成反映这些知识的社会信息（情报）。

二是社会信息的社会功能。社会信息的社会功能是多方面的。第一，社会信息是联系社会各部分、组织和成员的纽带，是维护社会联系和关系的"黏合剂"；第二，社会信息是人类各种社会活动和行为的体现，集中反映了人类社会的状况和内部机制，因而是衡量社会经济、科技、文化发展的标志；第三，社会信息是人类社会的财富，是社会运行和发展的支柱之一，可以为全人类共享；第四，社会信息具有对人类思维的推动作用，是人类从事各种社会活动的媒介，借助于信息活动，人类的各种社会职业活动得以实现；第五，社会信息伴随着人们的各种活动而产生，因而是确认人们科技、生产、文化、军事等活动的依据，如反映某一科技成果的科技信息，是确认某一社会成员某项科学发现或技术发明优先权的依据；第六，社会信息具有对人类行为的作用功能，借助于信息，人们进行各种决策，用以指导行为和实现某一目标；第七，社会信息具有满足人类生存需求、安全需求、文化需求、工作需求等多方面需求的沟通功能和特殊作用，是人们维持心理活动的不可少的因素；第八，社会信息具有流通与社会控制功能，只有通过社会信息的流通才可能传输社会管理与控制指令，从而控制社会运行状况和社会组织、成员活动。

（二）知识

信息是人和生物与客观世界联系的媒介。它是一种普遍的存在，存在于自然，存在于人类社会，也存在于人的思维领域。对于人类来说，信息是我们认识世界的基础和桥梁，又是我们改造世界的指南和向导。人通过感觉器官获取信息，其获取到的信息又通过信息传递器官（神经系统）送到人的大脑——信息处理器官。信息在人的大脑里引起兴奋，建立相应的感觉和印象，这就是感性认识。人脑的主要功能是思维。人脑思维的过程实际就是信息处理的过程，抓住了事物的本质和发展规律，把感性认识上升到理性认识，从而形成各种各样有用的知识。

1.知识的概念理解

如同信息一样，古往今来，人们对知识的理解也是仁者见仁，智者见智。《现代汉语词典》（1991年版）对知识的定义是："人们在改造世界的实践中所获得的认识和经验的总和"。还有的人从知识与信息的关系入手对其加以定义，认为："知识是信息的一部分"，"知识是对信息加工的产品"等。1994年人民出版社出版的《现代汉语辞海》中所说，知识是"人们在发现世界的实践中所获得的认识和经验的总结"。

知识（knowledge）是人类通过信息对自然界、人类社会及思维方式与运动规律的认识与概括，是人的大脑通过思维重新组合的系统化了的信息，是信息中最有价值的部分。信息是创造知识的原材料，知识是信息加工的抽象化产物。

知识是人类意识的产物，需要认知主体与认知客体并存而且发生动态关系时才能产生。知识与信息的产生不是同步的，而是人类社会发展到一定阶段，人们对大量积累起来的信息加以组合、有序化、系统化，发现并总结其一般规律形成的。从人类历史发展的角度去讲，所以信息都将有可能成为知识。

将知识作为人类理性认识的成果来看是可取的，然而，简单地将知识看作是信息的一部分，虽然看到了知识与信息的联系，却忽略了知识的内在特质的认识却是片面的。目前，之所以还存在信息与知识的差距，是因为人类的认识水平还有待提高，我们相信，随着社会的发展和科技的进步，人类获得的知识将会越来越多。

2.知识与信息的关系辨析

知识与信息的关系，犹如产品与原料的关系，因此，这是两个不同的概念。从信息到知识，并不是一步完成的，而是经历了若干个中间层次。从信息方面来讲，它包括原始信息，也包括对原始信息进行一定的分析、综合等思维加工后得到的层次较高的信息；从知识方面来讲，它有两种不同的发展形态，一种是相对稳定的形态，一种是相对运动的形态。前一种形态的知识，是人类在认识发展到一定阶段上取得的成果，是系统化和优化了的知识。后一种形态的知识是从一种相对稳定形态的知识向另一更高层次的相对稳定形态的知识过渡过程中产生的新的、零散的、不成熟的知识。由于它具有突出的动态性特征，所以将它们划入"知识性信息"一类，作为知识性信息的主体可能更为合适。如果将知识限定为稳定、成熟形态两部分，那么，我们就可以说，上述知识性信息的主体部分是知识的更直接的来源。

（三）情报

1.情报定义及属性

情报（Intelligence）在英文中亦有智力、智慧的意思。通常所说的情报是秘密的、专门的、新颖的信息，在现代就是与社会集团的竞争活动密切相关、被当作社会集团竞争手段的那部分信息和知识。其实"什么是情报"一直是情报学所争论的一个重要问题，可以说，情报学创立伊始，情报的定义就是一个争论不休的问题，伴随这一问题的提出，对信息知识的概念也提出质疑。

关于情报的定义，国内外学术界还没有定论的说法。但如果要寻找共同的认识，不难发现，情报有三个属性：知识性、传递性和效用性。

（1）情报的知识性。人们在生产和生活活动中，通过各种媒介手段（书刊、广播、会议、参观等），随时都在接收、传递和利用大量的感性和理性知识。这些知识中就包含着人们所需要的情报。情报的本质是知识，可以说，没有一定的知识内容，就不能成为情报。

（2）情报的传递性。情报的传递性是说知识要变成情报，还必须经过运动。著名科学家钱学森说情报是激活的知识，也是指情报的传递性。人的脑海中或任何文献上无论储存或记载着多少丰富的知识，如果不进行传递交流，人们无法知道其是否存在，就不能成为情报。情报的传递性表明情报必须借助一定的物质形式才能传递和被利用。这种物质形式可以是声波、电波、印刷物或其他，其中最主要的是以印刷物等形式出现的文献。

（3）情报的效用性。运动着的知识也不都是情报，只有那些能满足特定要求的运动的知识才可称之为情报。例如，每天通过广播传递的大量信息，是典型的运动的知识。但对大多数人来说，这些广播内容只是消息，而只有少数人利用广播的内容增加了知识或解决了问题。这部分人可将广播内容称之为情报。

2.情报的主要类型

从不同的角度，按照不同的标准，可以对情报做出不同的分类：按情报的内容，可以分为政治情报、军事情报、科学情报、技术情报、经济情报、管理情报、生活情报等；按情报的加工程度，可以分为零次情报、一次情报、二次情报、三次情报等；按载体分，可以分为书面情报、口头情报、实物情报、声像情报、电子情报等。

通常，我们在进行情报分析和情报服务时，把情报分为三种类型，即信息型情报、知识型情报、综合型情报。

（1）信息型情报。

所谓信息型情报并不是说它是信息，它同时具有一定的知识属性，随着知识性的减弱，其性质更加靠近信息。比如市场动态、科技新闻、金融行情等。就信息型情报报道来看，如科技新闻，它的内容简短，潜在内容很多，可开发的内容以及所涉及的领域较广，对新科技的推广、了解和收集等有较大的作用，其时效性很强，实用价值较大。具体地说，只要专业、时间、区域对路，对促进科研、生产具有非常重大的意义。然而目前这类性质的情报不少情报机构并不收集和传递，而把它作为新闻的一种，由新闻单位收集和传播，不是作为信息。但从广义上看，它就是情报。这类情报可由情报机构收集对口整理加工，直至深入研究使之成为综合型情报以及最后形成知识。情报单位还可以通过灵活、快捷的方式如快报等及时给所有用户传递这类情报。这类情报的用户是长期的较固定的，因而不应忽视。它可能成为综合性情报的来源，甚至是知识的来源。信息情报是情报的基本形式。它的特点是简明扼要，传递快，知识内涵较少，针对性很强，实用价值很大。

从某种意义上讲，信息型情报就是所谓决策情报，其对决策领导部门意义相当重大。它是决策者与情报人员的一种日常情报，是实际开发工作的资料来源，它是特定条件下产生的，在此与知识性、信息性的强弱有关，同实用价值与情报的针对性有着较密切关系，如金融行情瞬间的起伏跌涨，并不是理论上能准确预测的。这些特例的积累可能发展或丰富旧的知识，为预测工作服务。例如，对老化的情报资源的开发，它只在适合的条件下生效。其时效可长可短，价值由实用性和开发深度决定。同时受众多客观因素的影响，我们并不能因其无常性，而视为无用，对其深入开发效益是巨大的。

（2）知识型情报。

所谓知识型情报即科学文献，包括科技图书、科技期刊、技术报告、会议资料、专利资料、各种网络数据库等，具有长期保存价值，涉及的内容以及范围非常广，传递方式众多，是实用价值较高的一种情报。它拥有大量的知识单元，却不是完整的知识，因其理论的相对稳定性较差，科学性还不是非常准确。针对性不如其他情报，但普遍性较强。其主要内容往往涉及某一专业领域的系统知识，它是情报的重要组成部分。同时也是情报学研究的重点，情报工作的中心。

（3）综合型情报。

所谓综合性情报即经过加工整理的情报，包括市场预测调查、企业报告、专题报告等，这种情报对一定的专业领域的知识需求有益。其信息量与知识量参半，它是在一定的信息基础上，进行加工使之系统化，它是情报的主体部分。综合型情报通过收集、调查等工作寻找规律，做出预测性情报报道。既是信息型情报的产物，也是知识型情报的基础。其效用价值在于用户需求和综合能力的大小。

（四）信息、知识、情报的区别与联系

1.信息、知识、情报的区别

信息由自然信息和社会信息组成。情报是传递交流的社会信息部分，包括人们的工作和思维活动。知识则是人的大脑通过思维对信息或情报进行系统化组合而形成的，主要由大脑的思维活动组成，它既可直接接收信息，又能通过总结交流的知识信息形成。在这个由信息到情报再到知识的过程和信息直接到知识的过程中，主要是通过人的活动、人的大脑加工所得。在正式交流中增加了情报人员的工作，是较完善的情报活动；非正式交流则由用户之间直接交流。在两者交流中，各有利弊，正式交流更有利于知识的形成。

2.信息、知识、情报的联系

情报工作就是对信息组织管理并使之系统化并参加交流，以及根据用户需求对情报加工使之具有针对性，其实用价值由用户证明，同时反馈新信息，由证明后的情报来丰富知识。因此，知识也可能不属于情报而直接属于信息，这是由于知识的特性所决定的，它包括感性认识的知识和理性认识的知识。

情报用户是知识的获得者，情报加工、传递是情报的中心，知识是信息加工、交流传递的结果，是不断丰富的经验和理论。情报是这一循环系统的中心环节，在此过程中，信息经过几次积累成为系统知识（即情报积累、知识积累）。这一现象说明了情报的双重性的存在，在本质上这二次积累有较大区别，前者是经过加工后的积累，后者是积累后加工了的，完成了质的飞跃的信息。后者离不开前者，前者也必然发展成后者。人类知识的丰富完全是由情报积累和知识的继承取得的，它们的关系较密切。检验情报、信息、知识间关系的标准就是实践，通过实践检验其科学性，才能去伪存真。

情报的内容比较广泛，不仅包含现有知识，还包含新的理论知识（假说、构想等）。知识是人类通过信息对自然界、人类社会以及思维方式与运动规律的认识和掌握，是实践活动的总结；情报则是对某种客观事实的描述以及在此基础上

的逻辑推演的知识化过程。我们不能简单地说情报是知识或信息，而应强调双重性。知识是静态的，可以存贮，且信息储存量大，通过一些较固定载体存在。信息是动态的，它涉及事物变化的全过程。在科研等实际工作中所需求的情报是最新的动态资料，既不能是固定的旧观念，也不能是变化无常的信息，那么只有选择具有综合能力的情报这种工具。不管是信息还是知识，只要需要，我们都应该加工传递，使之具有较大价值和效用。

就传递速度而言，信息最快，其次是情报，知识最慢。而且，用户范围也不相同，信息几乎人人都接受，情报则是部分有需求的人接受，知识只有愿意学习的人才会获得。获得途径各不相同，信息可随时获得，知识的获得必须学习或亲身经历，通过理解全部内涵，融会贯通，情报则是查找有关资料，了解动态，至于较全面的情报就须平常注意收集积累和学习，但它并不需要形成一种观念，对未来的科学研究以及工作影响不大。情报的获得是一个传递与接受的过程，它给用户以最新的世界动态，帮助用户解决某一方面的实际问题，在此起着指导作用。但解决问题还需一定的知识基础。情报获得的途径很多，特别是交流中的非正式过程，知识则只有通过学习和实践。它们对信息的处理、传递接受方式方法不尽相似。在传递中同时具有信息性、知识性的是情报，仅有某一特定的知识为中介，它们之间关系表现为基础知识愈强，则情报获得也愈多。反之，则情报获得范围窄，内容浅。总之，情报是信息形成知识过程中的工具。

二、信息服务的理论体系

众所周知，信息化已经成为当今世界发展的重要趋势，这主要源自两大背景：一是由于科学技术、经济高度发展，社会生活各组成部分相互依赖增强，引发人类的信息需求和利用趋向多样化、综合化和社会化；二是当代信息技术迅速发展，使得信息的利用打破了地域和空间的限制，越来越方便快捷。因此社会各界对信息服务提出了更高的要求。

本小节对信息服务的基本概念及其理论体系进行详细介绍。

（一）信息服务的含义理解

信息服务是一个广义的范畴，涉及社会生活的诸多领域。狭义的信息服务是指对信息收集、加工、存贮、传递和提供利用的社会化经营活动。由于科学的进步,各种文献载体和其他大众传媒的日益增多,互联网也日益普及,人们每时每刻都处于信息的包围之中,面对大量无序繁杂的信息资源,人们手足无措。如何去粗取精、迅速准确地找到所需要的信息,就是信息服务的本质所在。

现代社会信息服务具有十分丰富的内涵,它可以理解为以用户的信息需求为依据,面向用户开展的一切服务性活动。当前的信息服务,无论从内容上、形式上,还是从服务的广度和深度上看,都发生了天翻地覆的变化。随着社会的不断进步,信息服务的规模和效益对社会发展的影响将越来越突出。我国的信息服务经过长期的发展,已经形成了一个多层次的,包括科技、经济、文化、新闻、管理等各类信息在内的,面向各类用户,以满足专业人员多方面信息需求为目标的社会服务网络。在整体服务网络中,各类信息服务部门既分工,又协调,开展各具特色的服务工作。

(二)信息服务的体系构成

信息服务的领域十分广泛,各种信息服务的结合构成了信息服务的体系。一般地讲,人们可以按照多种分类的标准对信息服务进行分类,从而了解其体系构成。基于国内目前的情况,大致可以按照10个方面进行分类:

1. 按信息服务所提供的信息类型分类

(1)实物信息服务。向用户提供产品样本、试验材料等实物,供用户分析、参考、借鉴。

(2)交往信息服务。也称口头信息服务,通过"信息发布会"等活动向用户提供他们所需要的有关信息。

(3)文献信息服务。根据用户需求,为其提供文献,包括传统的印刷型文献和电子文献。

(4)数据服务。向用户提供所需要的各种数据,供其使用。

2. 按信息服务所提供的文献信息加工深度分类

(1)一次服务。向用户提供原始文献或其他信息。

(2)二次服务。指将原始文献信息搜集、整理、加工成反映其线索的目录、题录、文摘、索引等中间产物,从而向用户提供查找文献信息线索的一种服务。

(3)三次服务。对原始文献信息进行研究,向用户提供文献信息研究结果的一种服务，它包括"综述文献"服务、文献评介服务等。

3.按信息服务的内容分类

根据提供的信息服务所属的学科范围，又可以分为：科技信息服务、经济信息服务、法规信息服务、技术经济信息服务、军事信息服务、流通信息服务。这些信息服务一般按用户要求进行，具有专业领域明确、形式固定的特点。

4.按信息服务手段分类

根据信息服务所采用的手段，我们可以把信息服务分为：

（1）传统信息服务。指通过信息人员的智力劳动所进行的信息服务，如利用书本式检索工具书提供检索服务。

（2）电子信息服务。指借助于计算机和网络系统开展的信息服务。

5.按信息服务的方式分类

（1）宣传报道服务。有两方面的信息服务：根据用户需求向一定范围内的用户通报口头、实物和文献信息源，服务项目包括书刊资料通报、书目、题录、文摘报道等；将用户方面的信息向外宣传报道，包括通过各种信息传播方式（讲座、报告、广播、展览、广告、BBS等方式）发布用户方面的信息。

（2）文献借阅服务。通过流通、外借、阅览等方面的工作，组织用户阅读文献或向用户提供文献。

（3）文献复制服务。向用户提供文献复制品。

（4）文献代译服务。接受用户委托，按需翻译外国文献资料供用户使用。

（5）专项委托服务。接受用户各种专门委托业务，开展科技成果水平检索、课题论证等方面的服务。

（6）信息检索服务。指通过接受用户课题，利用一切检索手段进行课题文献信息检索的一种服务。

（7）咨询服务。包括向用户提供文献参考咨询、信息咨询和以信息为中介的各种专门咨询服务。

（8）研究预测服务。指以课题的形式正式接受用户委托的项目，系统地进行信息研究与预测，从而提供研究结果报告的一种服务。

（9）系统开发服务。指接受用户委托，为用户开发专用信息系统软件和数据库的一种服务。

（10）信息代理服务。作为用户代理人，开展各种信息业务的服务，如专利代理、代检、代查、代译等。

6.按信息服务对象（用户）结构分类

按照信息服务的对象可以分为两大类：单向信息服务和多向信息服务。

单向信息服务是指面向单一用户所进行的针对性很强的服务。多向信息服务则是指面向众多用户在一定范围内进行的信息服务。

7.按信息服务的范围分类

按信息服务的范围分为两大类：内部服务和外部服务。内部服务是指面向内部用户的信息服务，如某企业信息服务部门对本企业内部人员的信息服务。外部服务则是指面向部门外用户的信息服务。

8.按信息服务时间长短分类

按信息服务时间长短分为长期信息服务和即时信息服务。长期信息服务是指在较长时间内面向用户的一种服务。即时信息服务则是指在信息业务中，即时接待用户的服务，如向用户解答某一咨询问题等。

9.按信息服务的能动性分类

按信息服务的能动性可以分为被动信息服务和主动信息服务。被动信息服务是由用户先提出服务要求，然后按需组织的信息服务。主动信息服务是指主动接触用户，寻求服务课题的信息服务。

10.按信息服务收费情况分类

信息服务有免费和收费两类，因此相应地可以分为无偿信息服务和有偿信息服务。无偿信息服务是指不向用户收取任何费用或只收取设备损耗和消耗材料而不收取服务费用的信息服务。有偿信息服务是指向用户收取服务费用的信息服务。

结合我国信息服务的具体实践，我们将上述信息服务归纳为以下几个大方面：宣传报道服务；原始文献、资料、数据服务；信息检索服务；定期定题信息服务；咨询服务；专项信息委托服务；信息系统化网络化服务；信息保证服务。

对于前两项信息服务业务，属于常规性信息服务业务范畴，也是现代图书馆的基本服务。

信息服务的体系结构并不是一成不变的，它是随着社会的发展和进步而不断发展变化的，但是不论其如何变化，信息服务的要求、内容基本是一致的。

（三）信息服务的基本要求

信息服务所涉及的主要工作应当包括：信息服务中的用户研究及用户管理；用户培训与用户教育；用户服务与保证系统的开发；用户信息服务网络建设与信息资源综合开发等。

根据这些工作，信息服务的基本要求为以下几点：

一是信息资源开发的广泛性。信息服务必须在充分开发信息资源的基础上进行，只有这样才能保证向用户提供的信息没有重大遗漏。为此，在信息服务工作中首先要注重用户需求调研，尽可能地吸收用户参与工作。

二是信息服务的充分性。"充分性"是指充分利用各种条件和一切可能的设备，组织用户服务工作。同时充分掌握用户需求、工作情况及基本的信息条件，以确保所提供的信息范围适当、内容完整和对需求的充分满足。

三是信息服务的及时性。及时性的含义包括两个方面：第一，接待用户和接受用户的服务课题要及时；二是所提供的信息要及时，尽可能使用户以最快的速度得到他们所需要的最新信息。为了实现这一目标，必须保证有畅通快捷的信息获取渠道和用户联系渠道。

四是信息服务的精练性。信息服务中的一个至关重要的问题就是向用户提供的信息要精，要能有针对性地解决问题，即向用户提供关键性信息。要达到这个要求，就必须提高信息服务人员的业务素质，必须在信息服务工作中加强信息分析与研究工作，开辟专项服务工作，努力提高专业性信息服务的质量。

五是信息提供的准确性。准确性是信息服务的最基本要求，不准确的信息对于用户来说，不仅无益，而且有害，它将导致用户决策的失误，造成损失。信息提供准确性要求，不仅搜集信息要准确，而且要避免信息传递中的失真；同时对信息的判断要准确，做出的结论才能正确、可靠。

六是信息服务收费的合理性。随着市场经济的发展，许多无偿服务已经转向了有偿服务或部分有偿服务。信息服务也不例外。信息服务许多都是有偿服务，但是从用户角度去看，支付服务费用应当确保一定的投入产出效益。这就要求在服务管理上要有科学性，同时注意到信息服务的高智能特征，在国家政策指导下制定合理的收费标准。

除上述基本要求外，信息服务与其他服务一样，必须强调服务人员的服务态度和服务水平。因为信息服务作为图书馆和信息机构的第一线工作，是联系用户与信息源之间的"桥梁"和纽带，其目的是向用户提供他们所需要的各类信息，确保应有的信息效益。所以，信息服务人员要有较高的素质。信息服务的质量是衡量信息工作社会效益的主要标志。信息资源的开发和信息的深层次加工与科学处理的最终目的是提供使用，其中"服务"是一个关键环节，它直接关系到信息机构各项工作的展开，因而树立"用户第一"的观点对任何信息部门都是必不可少的。信息服务是直接获取来自用户方面的反馈信息的"窗口"。通过服务，图书馆和信息机构可以进一步掌握用户的基本情况、信息需求及其满足状况，可以检验信息工作的水准，这对于从整体上优化信息工作是必要的。

（四）信息服务的特征表现

从综合角度看，信息服务的特征主要表现在以下方面：

第一，社会性。信息服务的社会性不仅体现在信息的社会产生、传递与利用方面，而且体现在信息服务的社会价值和效益上，决定了信息服务的社会规范。

第二，知识性。信息服务是一种知识密集性服务，不仅要求服务人员具有综合知识素质，而且要求用户具备相应的知识储备，只有在用户知识与信息相匹配时才能有效地利用信息服务。

第三，关联性。信息、信息用户与信息服务之间存在着必然的关联关系，三者之间的内在联系是组织信息服务的基本依据，也是信息服务组织模式的决定因素。

第四，时效性。信息服务具有显著的时间效应，这是因为对于某一事件的信息只有在及时使用的情况下才具有价值，过时的信息将失去使用价值，甚至会产生负面影响。因此，信息服务中存在信息的"生命期"问题。

第五，指向性。任何信息服务都指向一定的用户和用户的信息活动，正因为如此才产生了信息服务的定向组织模式。

第六，伴随性。信息的产生、传递与利用总是伴随着用户的主体活动而发生的，所以信息服务必须要按用户的主体活动的内容、目标和任务来进行组织，以便对用户的主体活动能有所帮助。

第七，公用性。除了某些专门服务于单一用户的信息服务机构外，面向大众的公共信息服务可以同时为多个用户服务，这也是信息服务区别于其他社会化服务的因素之一。

第八，控制性。信息服务是一种置于社会控制之下的社会化服务，因此信息服务的开展关系到社会的运行、管理和服务对象的利益。它要受国家政策的导向和法律的严格约束。

三、图书馆的信息服务探究

（一）图书馆信息服务的优势分析

与科研机构、国家和行业主管部门及大众传播机构相比，图书馆在人才资源、技术力量、信息的时效性等方面处于劣势，然而，图书馆具有大量的文献信息资源，其文献的专业性、系统性、完整性构成了图书馆得天独厚的资源优势，也为其开展信息服务提供了可靠的物质保证，同时，相对其他信息机构而言，图书情报业自身的职能也决定了其对信息资源的收集、处理、存储、传递等方面的优势。

第一，信息资源优势。图书馆馆藏丰富而独具特色，藏书不仅门类齐全，而且品位高、档次高，还具有专业性、系统性、完备性和实用性强的特色。这一优势是开展信息服务的物质基础。

第二，人才优势。随着计算机技术的飞速发展和互联网的日益普及，它在图书馆得到了越来越广泛的应用。为此，图书馆近些年吸引了一大批各学科各专业的人才，不仅为图书馆注入了生机和活力，也为图书馆在新形势下开展信息服务创造了条件。

第三，设备、设施优势。目前，许多图书馆尤其是一些大型图书馆，几乎都拥有一流的技术设备。计算机、服务器、复印机、打印机等都已经成为图书馆的常用设备，而且图书馆还自建和引进了许多大型数据库，大型报告厅等基础设施也日臻完善。所有这些，都为图书馆开展信息服务奠定了物质基础。

（二）图书馆信息服务的一般内容

图书馆的信息服务一般包括以下五大部分：

第一，传统的读者借阅服务，即通过向服务对象提供书籍、报刊等文献，被动地服务于读者。

第二，通过编制二、三次文献向读者提供以书目信息和题录信息为主题的信息开发服务；以科技信息咨询为主题的信息咨询服务等各种服务。

第三，利用计算机等先进技术，建立文献信息网络，提供以联机检索服务为主题的信息检索服务。

第四，面向大众信息需求市场，提供诸如股市信息、招生招聘、专利检索与开发、寻医问药等社会热点信息服务。

第五，面向高校学科建设需要，提供学科信息服务，例如科技查新服务、定题跟踪服务、情报分析服务等。

（三）图书馆信息服务的主要特征

信息时代的图书馆信息服务旨在为更多用户提供必要的分布式异构化的数字信息产品和服务，满足信息用户的需求以解决实际问题。更具体地说，数字图书馆信息服务是对收集而来的文本、图像、影音、软件与科学数据等数字信息进行进一步提取与加工，将加工好的信息以科学性的方式进行保管，实现知识信息价值的保存与升级，同时在广域网上实现高速跨数据库链接的横向存取服务，也包括知识产权存取权限、数据安全管理等。

现代图书馆信息服务与传统图书馆明显区别，现代图书馆是一种更为高级的服务形式，它与传统图书馆服务形式最大的区别就在于，它既把信息技术作为实现更高品质服务的载体，同时也充分利用了技术带来的机遇，将网络技术与科学技术融合进自身的体系中，让现代图书馆在服务内容、载体形式、服务形式与服务手段与方法等诸多方面更具优势。具体表现为以下几点：

1.信息资源数字化，资源规模迅速扩大

信息资源数字化是指以计算机可读的形式存储信息，即将传统印刷载体信息进行数字化处理，再对处理好的数字化信息直接采集或存储，或者运用各种书写、识别、压缩和转换等技术直接下载和存储。随着信息技术的广泛发展，逐渐出现了一些从未有过的信息形式，如缩微型、视听型、联动型电子资料、多媒体数据库等。大数据的信息化时代，人们的社会生活中充斥着大量的信息，由于数量巨大，且这些信息时常处于无序的状态下，人们无法对信息进行准确的筛选，导致信息利用的盲目化。所以，图书馆信息服务的主要目的就在于在信息资源规模不断扩大的前提下，用更少时间为用户提供最具价值的可用信息。

2.服务内容的知识性、多样化

信息技术背景下的图书馆信息服务的关注重点不仅仅在传统的文献资源上，更体现在对知识的利用上。科学技术带来的知识革命越来越强调信息资源开发与利用的重要性，因此，图书馆的信息服务不只提供多方面有效的信息知识资源，而且为用户提供了直接有效地解决现实问题的根本方法。

3.服务方式多元化、多层次化

随着经济全球化、一体化、网络化的发展，图书馆资源体系越来越开放，用户也越来越向更高、更好、更快的方向陆续提出更多的需求。因此，信息技术部门应加大对信息分类的研究力度，对多领域、多学科的知识进行更加细化和专业化的划分，面向社会发展的新动向不断提出相应的、全新的信息服务方式，以适应社会发展与用户需求，这种服务的方式是主动的、多元化的、多层次的。

4.信息存取网络化

信息化图书馆的发展必须以网络环境为载体，依靠互联网，人们可以自由获取世界范围内各学科以及社会各领域最前沿的科研动态与交流成果。

网络传递将人们之间的交流变得更加方便快捷，人们可以通过网络建立起非正式的交流模式，传递不同的信息资料。互联网的重要价值就体现在建立起人与人、人与世界之间的共享交流，利用无所不在的信息高速公路，实现信息资源的快速高效传递与接收，即信息存取的网络化。信息资源的交流与反馈在高速网络环境背景下变得更加迅捷高效，它摒弃了传统的信息资源的交流模式，使得分散的信息资源得以整合，并以数字化方式进行存储，利用互联网的互通功能，实现信息资源的实时提供、即时使用。在数字图书馆信息服务系统中，经过整合的数字信息资源可以在开放空间中流畅、自由地传输，不受时间和空间的限制，用户可以根据自己的具体需要自由存取这些数字图书馆信息资源。

5.信息资源共享化

在经济与科学技术高度发展的今天，人们对于信息资源最高的理想是在数字化资源的基础上，依靠网络技术的高效性与快捷性，实现信息资源的跨时空共建共享。数字图书馆的构建冲击了传统图书馆的运行模式，打破了资源共享上的限制，使得图书馆可以利用网络技术、通信技术等获取自身不具备的数字信息，同时也可以将自身固有的馆藏资源共享给用户。信息资源的共享化极大程度地提升了信息资源的数量，整个社会的信息获取能力也得到了增强。

6.服务环境开放化

在网络技术出现之前,图书馆的服务工作受到地域和空间的限制,受众群体仅限于进入图书馆的一部分人,服务工作的内容与形式相对单一。图书馆馆际之间、图书馆与社会之间得不到很好的交流,使图书馆长期处于闭塞的状态,自身发展停滞不前。在信息化时代,计算机网络的利用使图书馆工作经历了重大变革,图书馆的服务环境由封闭走向开放,数字图书馆的形式大大拓展了图书馆信息交流与服务的范围。信息化、网络化背景下,图书馆真正进入共建共享、共同发展的新阶段。

(四)图书馆信息服务的用户需求分析

用户的需求可以分为现实需求和潜在需求两大类。现实需求是用户已经表达出来明确的、直观需求,表现为用户向图书馆提出的直接需要;潜在需求是用户潜意识里所追求的尽善尽美的境界,即图书馆工作人员凭借自己较高的素质、渊博的知识,向用户提供系列的、纵深的相关报道,而不是就事论事式的机械服务,使用户真正获益。

一般地讲,图书馆的信息用户的需求有以下几个特点:一个是图书馆的用户都有明确的价值取向,用户到图书馆来就是要获取特定的信息的。二是图书馆用户追求较强的时效性。三是图书馆用户需求具有前瞻性,关注学科发展的未来趋势和最新研究动向。四是图书馆用户具有可近与易用心理,通常,一个情报源距离用户越近,被利用的可能性就越大;用户阅读文献时除了衡量情报源与自己之间的空间距离外,易操作性也占有重要地位,如摒弃原文、选择原文、不愿浏览全文而更多倾向于一般的书摘、评论、导读等。

(五)互联网时代下的图书馆信息服务

1.互联网时代对图书馆信息服务产生的影响

互联网的建立与发展,使社会各个领域都发生着深刻的变化,图书馆也受到了极大影响,对图书馆信息服务工作的影响表现在以下方面:

一是流通模式的变化。传统的流通方式只是面对面的借阅服务,在网络环境下不但可以进行面对面的借阅,还可以利用网络办理借阅手续,如预约借书、馆际互借、办理借还手续等。

二是信息服务方式的变化。传统图书馆向读者提供的咨询服务、定题服务、文献检索服务等工作都是利用手工完成的，有了网络和自动化检索系统，上述服务也都可以在网上进行，可以利用网上专家咨询系统解答读者咨询，这种咨询不受时间地点限制并能进行24小时的全天候的交互式服务。读者坐在办公室里或家里就可以随时检索馆藏信息或网上其他信息资源。

三是检索手段、检索方法、检索途径的变化。传统的文献检索只是通过卡片式、书本式、目录索引及文摘等检索工具检索所需信息，自动化检索系统及网络的开通，使信息检索的检索途径灵活多样，人们既可以通过计算机进行光盘检索、联机检索，还可以上网浏览下载网上信息。利用计算机，检索途径、检索方法比传统的手工检索增加了很多功能，如目前的数据库大多数能给用户提供主题、篇名、关键词、作者、机构、出版时间、文献类型等十几种检索途径及限制检索结果的方法，从而为提高国内学术期刊的利用率、为用户检索所需的文献信息创造了便利的条件。

四是提供的信息资源的变化。网络的建立给用户提供的信息资源发生了变化，表现在检索途径的变化和信息载体、类型以及来源的变化。传统图书馆提供的信息资源只局限于馆藏，随着书刊价格的不断上涨，采购经费的不足及读者需求的不断提高，"藏"与"用"的矛盾日益突出，本馆馆藏远远满足不了读者的需求。利用网络了解、传递、索取馆外的信息资源是网络环境下解决馆藏不足的最好方法。现在，各个图书馆和信息中心都已经利用网络来获取信息，利用资源共享的有利条件来延伸本馆的馆藏，以便最大限度地满足读者需求。在网络环境下，信息资源的类型也发生了很大变化，过去图书馆只能给用户纸质的目录、索引、全文等书本文献，今天图书馆不但提供上述信息资源，而且还能给用户提供多种类型的、多种载体的电子出版物，利用网络，不但能提供静态的信息资源，还能提供动态信息资源及多媒体信息资源。

五是服务对象的变化。互联网诞生以来，图书馆就成为其中重要一员，成为资源共享的一部分。图书馆的横向联系越来越多，其信息资源来自世界各地，需求也来自四面八方。尤其是联机检索、网上信息咨询服务的开展使信息服务的对象也发生了变化，许多原先的潜在用户已经成为图书馆的实际用户。

六是用户培训内容、培训方式的变化。传统图书馆对用户进行信息教育的内容是介绍馆藏以及印刷物检索工具的使用方法。今天随着电子出版物的大量增加和现代化检索手段的实现及网络的开通使用，人们都希望利用互联网快速检索所需信息，所以教育培训内容也自然将重点转移到计算机检索、网络检索等方面的知识上。例如光盘数据库的检索方法、网络资源的检索方法、网络通信等。这些教学内容符合网络形势的发展，受到了用户的欢迎。

七是信息经营管理观念的变化。现在，"信息"是"资源"这一观念已经得到了大家的共识，资源有价值，加工后的信息也有价值，信息是产品也是商品，这一点随着信息社会的到来，已经被越来越多的人认可。开展信息有偿服务已经成为信息社会发展的必然，图书馆也不例外，它所开展的信息服务也将逐渐社会化，并努力参与市场竞争，这是时代的需要，也是图书馆求生存求发展的需要。

2.网络信息服务内容的多样性表现

目前，图书馆已经开展的网络信息服务内容多样，常见的有以下几种。

（1）电子邮件。现在，越来越多的人利用电子邮件互传信息，进行交流。通过计算机传递邮件，不但快捷，而且双方都可存留，大大提高了办事效率。

（2）电子咨询。随着网络的日益普及，人们可以通过网上咨询问题，足不出户就解决自己的疑难问题，从而也真正体会了网络带给我们的便利。

（3）电子广告。现在，广告除了在报纸、电视、广播等媒体传播外，还可以通过网络传播。这样用户就可以从互联网上对同类产品的质量、价格、服务进行比较，以便决定取舍。

（4）电子订货。进入信息社会，经济的高速增长很大程度上依赖于原材料及能源的管理、批发和零售这个供应系统的运转。系统运转得好，就能使生产和商业企业以最低的成本取得最大的效益。通过计算机网络订货，把货源与仓库、仓库与零售点连接起来，可以大大减少库存，节省时间和费用。

（5）电子转账。利用电子技术处理资金在银行间的自动转移，不仅方便、快捷，而且还能防止拖欠。

（6）电子图书馆。电子图书馆、电子报刊构成了电子图书馆的主要内容。它配有详细的目录，用户可以很容易地找到自己感兴趣的内容，并在瞬间传送到自己的电脑，足不出户就能得到图书馆的全部服务。

（7）电子数据交换。贸易伙伴间采用标准数据格式处理订货、发货以及支付等业务。

（8）电子学校。走进这所"学校"，家长不必为孩子没有良好的师资力量和差别对待而发愁。这所学校给每个学生提供了平等接受教育的机会和丰富的教育资源，如网上的学习园地、问题答疑等。

（9）电子公告板。借助于电子公告板，可以实现用户与信息源之间的信息交流，为用户提供综合贸易信息、电子论坛及联机技术文档。

总之，网络的出现，使人类的生活发生了天翻地覆的变化，也为图书馆开展信息服务提供了更加广阔的舞台，我们必须充分利用这个机遇，发挥图书馆的自身优势，为用户提供高质量的信息服务。

第三节 图书馆信息服务的新模式

网络信息技术的快速发展、用户信息服务需求的改变、图书馆向现代化转型的召唤，如此等等，这些都在助推着传统图书馆向现代图书馆转型的进程，一言以蔽之，图书馆的现代转型迫在眉睫。同时，图书馆的现代化转型也为图书馆在未来一段时期的发展指明了方法和思路，是图书馆永葆生命力的关键所在。

一、图书馆信息服务模式呈现的新特点

当前，人们已经迈入知识经济时代，知识化、信息化成为这个时代的烙印，人们对于知识的需求日渐迫切和多样，而图书馆作为人们获取知识的重要渠道，如果仍然故步自封，那么必将被时代所淘汰。正因为如此，传统图书馆必须转变传统的采购书籍、借还图书的固有观念，借助信息化时代的东风，迎难而上、主动作为，将纸质信息和电子信息结合起来，满足当今时代人们对于信息的多样性、无形性、丰富性需求。例如，图书馆可以将新知识、新技能作为重点，将它们和自身固有的资源和优势结合在一起，实现图书馆服务的转型和升级。具体而言，网络化、信息化时代，传统图书馆的服务模式已经发生了根本性转变，开始呈现出一些新的特点：

（一）用户服务依旧是图书馆生存与发展的需要

当今时代网络信息技术的快速发展也为图书馆的发展带来了新的挑战。互联网的蓬勃发展，使知识与信息触手可及，人们只需要经过简单的检索操作便能够得到大量的信息，这种方式使得人的信息需求得以快速满足，这也导致人们对图书馆文献信息资源的忽视。这不禁会引人思考，在现代社会图书馆是否还有存在的必要。而对于这一问题，答案当然是肯定的。

相对于网络阅读而言，传统的阅读方式具有一定的休闲性与随意性。人们可以在书香的氛围中享受阅读所带来的愉悦感。而且，网络阅读容易造成视觉疲劳和辐射危害。总体来说，图书馆的发展面临着网络、技术发展的多重挑战，图书馆必须依靠自身服务活动的提升以期在竞争中取得优势。

网络的发展不仅为图书馆带来挑战，同时也为图书馆的发展带来了机遇。网上服务是图书馆发展的必然趋势，面向大众是图书馆服务的基本理念，而在日益激烈的网络竞争中，图书馆应加大技术投入，建立资源数据库，构建起具有特色的网络虚拟图书馆，通过开展网络服务，实现读者信息资源的实时接收，使丰富的馆藏文献资源深入万家。

（二）由柜台式服务转向自助式服务模式

现代科学技术的高度发展带来了信息存储技术的革新，也为信息资源由传统印刷型转变为数字化信息提供了前提。随着现代计算机技术和网络通信技术的发展，数字化资源信息的普及与应用，图书馆的馆藏资源在数量和质量上都得到了明显的提升，主要表现为以下方面：

第一，计算机技术的广泛运用，使得网络通信环境下，资源的利用效率明显提升。人们可以足不出户地访问网络和图书馆线上资源，打破了时空的局限性。

第二，现代多媒体技术的应用，丰富了信息资源的存在形式，由最早的纸质文献逐步发展为数据化形式的电子信息资源，同时，由于电子信息资源涉及的内容广泛，如影音、文本、图像等，这些形式较之普通的纸质文献更能吸引用户的兴趣。

第三，图书馆的信息储存技术的日益发展，使图书馆的电子文献材料占有量不断扩大，图书馆的借阅能力得到了大幅度提升。

（三）逐渐形成图书馆服务文化

图书馆的服务过程实际上是一种文化传播过程。对于馆内服务人员来说，图书馆的服务文化是馆员必须遵守价值观念，但是这种文化渗透到馆员的心中将成为一种具有主动性的精神力量。馆员通过自身的服务行为体现出对图书馆服务文化的理解。优秀的图书馆文化应该是一种积极正向的精神力量，使馆员发自内心地接受，并将其转化为自身服务行为的准则，提供更优质的服务，确保用户满意。

（四）图书馆服务的品牌化

品牌对于一个企业来说是其内在精神的象征，也是其区别于其他企业的特色所在。图书馆树立品牌形象是其发展的需要，打造品牌服务，就需要图书馆将自身的服务做到规范化、个性化和品质化，将品牌理念通过宣传或服务渗透到用户的心中。

此外，图书馆的品牌化有利于提升图书馆本身的服务水平与质量，为图书馆完善自身的竞争力，取得竞争优势提供保障。图书馆应充分发挥自身的服务功能，在服务过程中总结经验，逐步形成独具特色的服务模式，让用户在图书馆中能够受到周围环境以及文化环境的熏陶。面对人们日益增长的信息需求，图书馆必须站在创新的视角下打造品牌服务，这样的优质化服务会为图书馆赢得更大的市场份额，带来可观的经济效益与社会效益。

（五）向知识服务发展

知识服务是指图书馆服务人员依据已细分到"字词"级别的知识单元，深入信息资源内容和专业领域，按照用户生产、科研、教学和学习的指定需求，参与问题的全过程，向用户提供全方位、高水平的知识单元的服务形式。知识服务重视分析用户的实际需求，它专注于为用户提供准确的方案，以保证用户信息查询、分析与组合的可行性。知识服务贯穿用户知识的获取、分析、组合与应用的始终，并根据这一过程的变化适时调整服务的方式。

（六）用户需求更加个性化、专业化

现如今，由于信息获取的便利性，使得人们对于信息资源质量的要求明显提升。信息资源具有多元化特点，其类型与种类纷繁复杂，内容多样，人们很难依靠自身选择适合的信息。因此，图书馆急需构建个性化服务机制，满足用户的特色需求。通常情况下，用户的个性化需求是针对某一特定的专业领域，此专业领域的用户可能具有相同或相似的知识需求，这类用户可以组合为一个独有的用户群体，知识服务可以根据这一独有的用户群体的成员特点、需求特征以及专业领域进行检索和划分，为用户提供兼具个性化与专业化的知识信息。图书馆应采取积极有效的策略，塑造个性化服务，这是未来图书馆的立馆之本。

（七）图书馆服务提供主体专家化

图书馆员作为图书馆服务提供的主体，首先要求他们有较高的政治思想文化素质，乐于奉献，勇于创新和实践，必须掌握各类信息的获取与收集能力，具备一定的信息知识组织与处理能力，帮助用户解决知识获取过程中遇到的各种问题。面对社会服务的新需求，图书馆员必须既具备图书馆管理的理论知识，同时也应具备多方面的管理技能与实践能力，只有馆员加强服务意识，提升服务手段，才能适应知识经济社会的要求，才能推进信息社会的不断发展。

（八）图书馆服务内容技能化

在竞争激烈的市场经济条件下，只有图书馆进行自身内容与服务方式的完善是远远不够的。图书馆对馆藏的信息资源进行整合与创新，图书馆员对自身修养与个人技能进行提升，可以保证为社会、为用户提供高质量、高层次的知识信息服务。然而，社会用户是接受知识与服务的主体，用户专业素养以及技术运用水平的提高会对知识资源的利用效率产生很大影响，这也为图书馆提出了新的要求。

目前很多用户具有知识获取的需求，但是并不具备相应的检索信息的能力与技术，进而导致用户知识获取的能力弱，获取的知识质量较差。因此，图书馆应重视培养用户的信息意识与创新意识，提升用户自身的专业操作能力，适应科技的进步。与此相协调，图书馆应形成以提升用户的知识利用意识、知识利用能力和现代信息技术应用能力为主的层次化、功能化的现代化服务体系。

二、图书馆信息服务模式的影响因素

影响图书馆信息服务模式的因素包括以下几点（图1-1）：

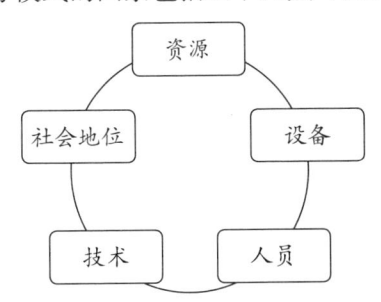

图1-1 影响图书馆服务模式的因素

（一）资源

图书馆是知识信息的主要载体，也是知识信息的服务部门。图书馆的根本职能是对各类知识信息进行收集、整理、加工、存储、管理与提供利用，因此，图书馆拥有丰富的文献信息资源，知识涵盖各领域、各学科。

在网络信息技术出现之前，图书馆的馆藏资源主要以纸质化的书刊、报纸等为主，随着信息化水平的不断提高，图书馆的文献资源形式也越来越丰富，既包含纸质书籍、期刊等文献材料，又包括大量的数据、电子信息构成的数据库资源。现代图书馆在科学技术的支持下，其内在信息资源具有良好的系统性和科学性，既能够为用户提供准确的、有序的知识，也能够为社会提供完整的、系统的信息。

（二）设备

图书馆发展至今一直十分注重与社会的发展步伐相适应，对于先进技术与设施设备的利用基本处于前沿领域，计算机技术的出现与应用，更新了图书馆相应的技术手段。局域网、因特网的搭建，使得世界范围内的信息资源交流通过远程通信技术成为了可能。电子信息化设备的引进与应用，则进一步提升了图书馆的服务内容与服务方式。网络时代下形成的数字图书馆，使用户可以在任何地区进入图书馆网络系统,接受快捷、完善的图书馆信息服务。

(三)人员

图书馆的人员构成力量对图书馆的整体运行与服务过程有着深刻的影响。如果这些从事信息服务的人员具有丰富的信息知识收集、整理、加工经验,那么会对图书馆的信息服务调整产生正向、积极、准确的指导,使图书馆的信息服务更具优势。具有丰富的信息资源建设实践经验的人员往往更容易适应新社会环境、新技术带来的变化,并能够依据社会形势形成全新的信息服务观念,为图书馆的信息服务提供更加科学、准确的实用性建议,使图书馆在社会中更具有竞争优势。

(四)技术

影响图书馆服务模式的技术性因素主要是指信息处理技术。图书馆在长期的技术工作支持下,积累了相当丰富的网络管理、资源管理、用户管理的时间经验。通过信息处理技术的不断更新与发展,基本保证了图书馆信息资源的利用率,使得更多的社会资源得以开发和利用。信息处理技术是影响图书馆整体发展和更新图书馆信息服务模式的一个关键因素。

(五)社会地位

长期以来,图书馆承担着社会知识与文化的收集与保管工作,为社会成员平等地享有信息资源的获取、利用的权利提供了基本保障。这些深入人心的工作使得图书馆始终在社会中占有一席之地,在社会全体成员心中有着良好的社会形象。无论是从图书馆的功能性,还是从其服务性来讲,图书馆作为信息资源最重要的载体的这一社会地位是不可动摇的。

三、图书馆信息服务模式的发展

第一,把握机遇与挑战。伴随着社会新形势、新技术力量的冲击,图书馆面临着前所未有的挑战和发展机遇。如何抓住机遇,迎接挑战,实现图书馆服务模式的创新,是当下图书馆发展的重要问题。信息技术所带来的网络环境,为图书馆的服务工作的开展提供了良好的契机,图书馆应以信息技术为支撑,网络环境为平台，全面更新信息资源收集、整合、加工、管理等服务形式与手段，以全新的技术形式为用户带来更为快捷的信息获取体验。

第二，合理进行人员配置。从图书馆人员组织上看，首先图书馆应加强对现有人员的知识技能培训与文化理念建设，使他们既具有一定的专业技能，同时对图书馆组织与服务充满认同感。图书馆对人员职能的分工要适应社会信息服务建设的环境需求，从人员的组织、职能的分工以及服务流程等各个参与层面都要根据实际情况赋予新的工作内容。针对数字化图书馆而言，网络信息引导员、网络信息冲浪员等特殊的人员形式可以适时地出现，这既符合图书馆信息服务的管理模式，同时也符合社会网络环境背景下的实际需求。

第三，加强对创新服务模式的探讨。现今社会，互联网的普及程度明显增强，各种各样的网络功能层出不穷，图书馆的服务模式不是一成不变的，而是根据社会与技术的发展与变革不断更新的。传统的服务模式虽然不完全适应新时期的发展要求，但在某些方面来说，其内容存在一定的合理性。因此，服务模式的创新应注重将传统服务模式与新型服务模式巧妙结合，图书馆只有不断创新自身的信息服务模式，才能紧跟信息时代的发展，以取得更为广阔的发展空间。

第二章
图书馆文献采访与信息服务

文献采访是图书馆的基础业务工作之一,是馆藏文献资源建设的基础。文献采访质量的高低直接影响馆藏建设和读者的满意度。本章围绕图书馆文献需求分析、图书馆文献采访信息收集、图书馆文献采访方式及保障、图书馆文献信息服务的发展展开论述。

第一节 图书馆文献需求分析

高校图书馆是为教学和科研服务的学术性机构。文献需求是图书馆存在和发展的动力,也是文献采访工作的依据和动力。在文献采访决策时必须掌握文献的需求信息,依据文献的需求信息进行各种决策。对文献采访者来说,文献的需求信息十分广泛,高校图书馆的文献需求不单单是读者的需求还包括教学的需求、科研的需求、读者需求、馆藏需求等。

一、图书馆文献的教学需求

文献教学需求主要是指高校开设各门课程的教学过程中,老师给学生指定的主要教学参考文献和一般参考文献的需求。根据高校所开设的课程,又分为公共基础课、专业基础课、专业必修课等不同的课程层次。

对于公共基础课，比如大学英语、数学、计算机等，这种一般所有专业都需要上的课程，其文献教学需求量较大，需求持续性强，比如每年的四六级考试、计算机等级考试等，各高校的外语和计算机相关文献的借阅量都居首位。这就要求高校图书馆对公共基础课的文献需求，做到数量上、质量上满足教学的需求。

对于专业基础课和专业必修课，学校主要向学生系统地传授专业知识，其教学计划和教学内容也相对稳定，其教学需求通常从书名、责任者到版本都有明确、具体的要求，即使内容相同的文献，一般也不能相互替代。此外，教学按教学计划、教学大纲进行，读者对教学需求也随之集中在该段实际授课的主要参考文献上，因此，读者在某段时期对某种或某类文献的教学需求具有集中性。高校图书馆应系统地收集有关教材、教学参考书和实习用书，并按照各类教学参考书的数量和内容质量，配备必要的复本，适当选择外文书刊，以形成本校的教学用书体系。

二、图书馆文献的科研需求

科研需求主要是指本校教学、科研人员和学生进行科研时对各种文献的需求。他们在进行科研时，不仅需要与本学科、本课题直接有关的文献，有时还需要相关学科、边缘学科的文献，具有很强的针对性和专业性。

根据本校的学科情况，分为重点学科和一般学科。对于重点学科，它是一所高校中科研课题集中、经费多的学科，也是本校的特色学科。其科研需求量大、专业性强，这就要求高校图书馆对重点学科的科研需求，要做到对其相关的文献资源全面系统收藏。从基础级到研究级要收藏完备，既要保证读者对基础知识掌握的需要，又要注重收集这方面的前沿发展的最新成果的相关图书，保证科研和学科建设的需求。包括有关学科领域不同学派、不同类型、不同文种、不同级别的文献资料，系统重点收藏达到研究级水平，包括中外文的文献。在文献类型上，应包括图书、期刊、内部资料、其他连续出版物以及电子文献。特别要注意入藏各种有关的工具书和检索工具书。

对于一般学科的科研需求，高校图书馆要满足其科研需求，必须收集其专业领域各种不同学派的有代表性的文献，包括外国文种的主要著作、连续出版物、文集、会议录、特种文献等。由于各高校的这类学科较多，图书经费投入较大，一般要注意多收集品种，减少数量。由于科研上更注重时效性，所以对连续出版物、电子数据库的需求更大。

三、图书馆文献的读者需求

高校图书馆作为学校的文献信息中心,是以向读者提供各种文献的方式来服务的。高校的读者具有稳定性和单一性的特点,学生和教师读者是高校图书馆服务的主体。因此,高校图书馆必须了解读者需求,才能搞好图书馆的采访工作。

(一)读者需求的概念理解

读者需求是指读者对需要文献的寻求过程。以阅读为目的,获取文献为结果的需求。这说明了读者与文献是阅读行为的前期活动的关系,取得文献的过程就是满足读者需求的过程。

广义上讲,读者需求就是读者对图书馆资源的需求。它不仅包括读者对图书文献的需求,还包括精神资源、物质资源,即图书馆的建筑设施、设备和环境等;人力资源,即图书馆的工作人员的需求。狭义上讲,读者需求就是对书刊文献资源的需求。读者通过借阅图书馆的书刊,从文献中取得知识和信息,并对文献研究利用,使读者的阅读效率最大化。具体地说,读者需求是以读者自身的某种具体需求为目的,在阅读内容中选择,阅读行为按照需求加以控制、调节,阅读效果针对需求做出评价,从而使阅读活动得到满足的过程。读者需求不仅是个人需求,也是社会需求的一部分。

(二)高校图书馆的读者需求

高校图书馆的读者比较稳定、单一,主要是教师、本科生、研究生和其他读者,按读者需求的类型分属于专业型读者和研究型读者。每一类读者的需求也不尽相同。

1.教师读者需求

教师在高校中肩负着双重任务,首先他们是教育工作者,承担一部分教学任务,负责教授学生知识;同时又是科研人员,结合自身的专业,承担具体的科学研究任务。

教师队伍根据年龄又分为:老年(研究型)、中年(研究与应用型)、青年(学习与研究型)三个层次的教师,依据职称分为:教授、讲师、助教,教授通常承担着带研究生、博士生的任务,教授、讲师、助教由于在教学、科研工作及自身提高中处于不同的发展阶段，他们对文献需求的种类、深度也大不相同，其中教授的文献需求相对稳定，他们是高校重要的读者群，他们的研究方向往往代表了学校重点学科的研究方向，也体现了文献需求的最高水平，高校图书馆应给予特别的关注，建立重点读者档案，提供高质量的服务。讲师、助教作为学校的中坚力量，承担了高校大部分的教学任务，同时也是科研上的新星，他们需要教学、科研上的新观点、科技发展的新动态，以便将新知识渗透到教学与科研中去，他们对文献的需求在品种、类型、范围、时限、深度上，都大大超过学生读者的需求，是高校文献信息的重点使用对象。

总的说来，教师读者对文献需求和学校的专业设置相对应，并和他们承担的科研课题有关。教师读者是高校图书馆应特别重视的群体，他们对文献的需求表现出全面性、系统性、新颖性、先进性的特点。这样才能最大限度地保障文献信息资源为读者所需要，为读者所利用，从而促进高校的建设和发展。

2.研究生读者需求

研究生读者是高校图书馆比较特殊的读者群体，随着国家研究生的扩招，这类群体的数量在不断增加。研究生读者既肩负着繁重的学习任务，又承担着一定专业的科研课题。

研究生读者更注重专业文献的搜集，为了拓展知识面，他们需要全面、系统、新颖的文献资源；为挖掘学科内涵，他们需要经典著作和权威性学术期刊，他们对各种资料有求多、求全、求新、求专的特点，表现出学习型与研究型读者的特点；此外，研究生读者有着较强的情报意识和文献检索能力，随着网络技术的发展，他们越来越注重中外文网络版的全文学术期刊，特别是外文网络期刊，这使他们能更好地了解本专业的最新动态和学科前沿。

总之，研究生读者是高校图书馆的主要服务对象，他们对文献的需求表现出专深性、广博性、前沿性和应用性的特点。这样才能为学校的科研事业添砖加瓦。

3.本科生读者需求

本科生读者是高校图书馆需求最多、最为活跃的读者群体，他们在高校学习期间，接受某一专业的系统教育，本科生读者的需求类型一般属于专业型和业余型。

大学阶段各个年级的学生的情况并不是完全一样的，各个阶段的学生需求也不相同：①对于大一新生，一般新生在一年级接受的是思想政治类、英语、基础科学的课程，他们对于图书馆的需求主要集中在基础课的教学用书、习题集和课外读物上。②对于大二、大三的学生，主要课程进入了专业学习阶段，他们对于图书馆的需求主要集中在专业文献上。③对于大四的学生，主要是毕业论文设计、撰写，对专业期刊、数据库的需求量增大。同时，随着年龄的增长，他们逐步进入了世界观、人生观形成的重要时期。因此，他们对知识养料的需求量非常大，在完成教学大纲安排的必修课、选修课所需文献的阅读外，还会涉猎与其专业有关的其他学科。此外，他们还对课外读物非常感兴趣。

总的来说，本科生读者是高校图书馆服务面最宽的读者群，他们对文献的需求表现出阶段性、集中性和广泛性。图书馆的采访人员应多与读者沟通，了解他们的所需所想，才能有针对性地提高采访质量。

4.其他读者需求

高校图书馆的读者不只是老师、学生，还有相当数量的其他工作人员，如教辅人员、后勤工人等，他们也是值得重视的群体。这类群体的成分复杂、文化水平参差不齐，他们没有固定的阅读内容，多喜欢阅读一些趣味性、知识性的图书期刊，其需求多为娱乐型、应用型等。

这就要求高校图书馆在保证教学用书、科研用书的基础上，尽可能全面广泛地选择那些有教育意义、知识性强、思想水平高的文献。这类书包括思想道德修养、法律法规、科学普及、文学艺术、生活娱乐等方面内容，从而满足为提高学校师生员工政治思想素质、扩大知识面、丰富业余文化生活，使德智体美全面发展所需的各种文献。

四、图书馆文献的馆藏需求

高校图书馆是学校的文献情报中心，是为教学和科研服务的学术性机构。应根据本校的教学和科研需求及馆藏基础，通过多种途径，有计划、有重点地补充国内外书刊资料，逐步形成具有本校专业特色的文献保障体系。

高校图书馆的馆藏是以印刷形式的文献为主，期刊是高校图书馆的主要收藏类型，在一些大学图书馆中，期刊的采购经费往往是最多的，超过了图书。对于大学图书馆而言，图书馆收藏的资料应以学术性、珍藏性、稀有性为优先，资料的形式不是重点的考虑因素。图书馆根据自身的馆藏资源，从高校学科需求的角度出发，确保文献的系统性、全面性，图书馆馆藏对学科知识反映得越完整，文献保存和使用的社会价值就越大。此外，图书馆的馆藏要广博，要尽量收藏有学术价值的文献，不但要注重图书的品质，也要注重藏书量的增加。

因此，高校图书馆根据自身的馆藏特点，根据高校教学科研的需求建立相应的文献保障体系，形成自己的特色馆藏，对高校图书馆的发展十分重要。

第二节 图书馆文献采访信息收集

随着科技的发展，信息产业的"爆炸性"增长，每个人都要面对各种复杂的信息。各种文献的数量剧增，据统计，全世界仅印刷型图书每年出版70多万种。因此图书馆的采访人员在文献采访工作中要接触到大量的采访信息，如何收集这些采访信息，并把这些信息加工、传递和转换，是每个高校图书馆应重视的工作。

一、采访信息的界定

所有影响到文献选择和获取的信息皆可称采访信息。广义而言，社会的政治、经济环境、图书馆现状（包括经费、技术设备条件、人员素质）等都是采访信息的组成部分。但从文献采访专业角度和图书馆采访工作流程来讲，文献采访信息主要是指：出版发行信息、现有馆藏资源和利用信息、读者需求信息。

文献的出版发行信息所包含的因素有：出版社与编辑机构、文献发行机构、文献出版发行动态，文献发行的内容、质量、载体、类型、发行方式、发行时间、获取途径等。主要是从书目、书评、书摘、广告获得。现有馆藏资源和利用信息包括现有的本馆文献数目（种、册数），文献的载体类型与专业分类、分布情况，文献的语种，文献购置时间或储存时限与利用情况等。读者需求信息是由各类图书馆服务的读者群分布组成所决定。不同性质的图书馆有不同类型读者群体与相应的需求信息。在文献需求内容方面，受读者年龄、文化层次、职业状况、社会地位、教育水平等因素决定，同时也受当时的社会环境现状所影响。

文献的出版发行信息对采访工作的影响最为直接、突出，而馆藏资源和利用信息、读者需求信息对采访工作的影响显得较为间接和隐蔽。在图书馆的日常采访中，文献采访人员主要依据书目信息，与书商、出版社的业务往来十分频繁，而与图书馆其他部门的联系并不显著，特别是与反映读者需求信息、馆藏状况的流通部门、参考阅览部门的联系十分有限。这就无形中掩盖了馆藏资源和利用信息、读者需求信息在文献采访中的重要性。

文献采访信息的各个组成部分是有机地联系在一起的，不能说馆藏资源和利用信息、读者需求信息对采访工作的影响间接和隐蔽而可以忽略。在文献采访的实际工作中，文献采访不光要依据一些书目信息就能选择文献，还要求采访人员注意相对广泛的文献采访信息。采访人员对出版发行信息必须及时地获取，如果掌握的信息不准或不全，就无法选择和获取文献。图书馆的馆藏文献特点是经过多年努力的结果，是一个图书馆的藏书发展方向，高校图书馆的馆藏有别于其他图书馆，必须重视馆藏资源和利用信息来进行文献采访，只有这样，图书馆的馆藏结构才能得到保持和发展。文献采访的目的是满足读者的需求，因此从读者需求为出发点，影响着采访工作的方向。因此，文献采访信息不是单独某一个组成部分就能做到，要保证文献采访的正确决策，就必须使文献采访信息的各个组成部分有机地联系起来，充分发挥其作用。

二、采访信息收集的方法解读

采访信息的种类复杂，来源广泛，掌握起来十分不容易。这就要求采访人员运用科学的方法，才能保证收集采访信息时准确、全面。采访信息收集的方法主要有资料法、比较法、调查法、统计法等。

（一）资料法

资料法又称历史法、经验总结法。资料法是从采访信息形成发展的资料积累中分析总结出有价值的信息。用资料法收集采访信息有以下三个步骤：

第一步，全面收集采访信息资料。采访人员在采访工作中积累了丰富的经验资料，包括馆藏文献信息、读者的需求信息、书目信息、书商信息、采访工具等资料。

第二步，资料分类。对收集到的采访信息资料根据载体形式、学科属性、采访工作流程、语种类别等特征进行分类处理，并按照时间顺序条理化。

第三步，资料鉴别。采访信息资料中有一些重复的、不可靠的信息，需要采访人员进行鉴别，以便去伪存真，选出有价值的资料信息。

资料法收集采访信息是非常必要的。因为，图书馆的采访工作是建立在文献资源建设和读者服务的基础之上的。通过对以往资料的分析可以提高采访工作效率。

（二）比较法

比较法又称借鉴法，是对采访信息进行横向和纵向两方面的比较，从而总结自己的经验，保持自己的优点，查找自己的缺点，吸取别人的长处。

在实际采访工作中，有许多工作可以用到比较法。比如，不同的选书组织形式，采购渠道的变化，馆藏文献的利用率发生怎样的变化，采访信息数量变化，采访系统变化，数据处理的技术手段是否有明显的提高，读者需求的变化，采访信息收集质量和利用质量的提高、手段的变化等问题。

这就要求，采访人员要常与本行业、同性质的图书馆比较，同本地区先进的图书馆采访部门进行比较，比较它们的长处和形成长处的具体原因，要明确借鉴和吸收别人长处的行动方案，也就是说要善于发现别人的长处。

图书馆采访信息的收集与利用是一个实践性操作性都很强的工作，自身纵向比较往往不够明确，要通过纵向与横向比较相结合的方式。比较的方法多种多样，比如采访工作交流会、经验交流会、走访观察等。

（三）调查法

采访信息收集的主要方法还有调查法。调查法是为了达到设想的目的，制定某一计划全面或比较全面地收集研究对象的某一方面情况的各种材料，并作出分析、综合，得到某一结论的研究方法。

调查法是科学探究常用的方法之一，调查时要明确调查目的和调查对象，制定合理的调查方案，如实记录，对结果进行整理和分析。调查法有几种不同类型的划分方法。

1.全面调查法和抽样调查法

（1）全面调查法。全面调查法就是从整体上把握某一事物，对其各个部分和各个要素之间的关系的指标值分别进行调查分析。例如对图书馆服务对象的全面调查，对全国重点出版社的出版信息和对文献出版发行市场的全面调查，都是采访工作所必需的。由于全面调查法需要投入太多的人力、物力和财力，所以在全面调查开展之前，采访人员必须设计出详细的调查方案、具体的调查方法和步骤，且具备良好的管理组织。全面调查法的目的是为顺利开展采访工作提供整体性的决策依据。

（2）抽样调查法。抽样调查法是按照一定的科学原理和方法，从事物的总体中抽取部分称为样本的个体进行调查，用所得到的调查数据推断总体。抽样调查法是较常用的调查方法，也是统计学研究的主要内容。抽样调查的关键是样本抽样方法、样本量大小的确定等。样本抽样方法，又称抽样组织的方式，决定样本集合的选择方式，直接影响信息收集的质量。抽样方法一般分为非随机抽样、随机抽样和综合抽样。

在文献采访信息的收集过程中，收集读者的文献需求信息、馆藏文献总体利用率等方面信息，都运用到了抽样调查法。利用抽样调查法收集采访信息，可以节约费用，简化操作，大大地提高了采访信息收集的效率，提高了调查数据的可靠程度。

2.观察调查法、访谈调查法和问卷调查法

（1）观察调查法。观察调查法是指在自然状态下对文献信息的生产、传递、管理和利用等实际情况进行实地考察的方法。观察法在操作上分直接观察、间接观察、日常环境观察和实验环境观察4种。观察法的一般步骤为：确定观察的目的、内容、对象、方式、时间和地点，确定观察数据的记录方式，观察者通过基本技能培训，实施和组织观察调查，最后对观察数据进行整理分析。

观察调查法是准确而直接地获得采访信息的一种重要方法。观察调查法是通过开会、深入现场、参加生产和经营、实地采样、进行现场观察并准确记录（包括测绘、录音、录像、拍照、笔录等）调研情况。主要包括两个方面：一是对人的行为的观察，二是对客观事物的观察。观察调查法应用很广泛，常和询问法、搜集实物结合使用，以提高所收集信息的可靠性。在实际的采访过程中，会用到许多观察调查法，如实地到各个阅览室考察文献的借阅情况，到书商考察其收集管理文献的实力、配送文献的效率，到书展、图书订货会上直接获取文献信息。

（2）访谈调查法。访谈调查法是采访人员通过直接或间接对话交流的实现来收集采访信息的方法。访谈调查法是一种规范性的调查方法，与交谈、聊天有根本的区别。根据访谈过程分为：调查表型访谈、固定问题组访谈和纲要型访谈。访谈调查法的3个基本渠道：面谈、电话访谈和电子化访谈。面谈又包括个别访谈、座谈会、讨论会、工作年会等，电话访谈包括固定电话访谈、移动电话访谈和计算机网络电话访谈，电子化访谈包括E-mail、ICR和BBS等。

访谈调查法是采访人员在收集和把握采访信息工作中常用的方法。如召开读者代表座谈会，电话询问某一出版社最新的文献信息，用E-mail交流采访工作经验等。访谈法有相对简单、收集信息便捷、适用面广的优点，但对访谈的组织者的访谈技巧有较高的要求。

（3）问卷调查法。问卷调查法是向被调查者发放规范的调查表，由被调查者填写回答后回收，并进行数据整理和分析的调查方法。问卷调查的具体步骤包括：调查问卷的设计（根据调查的目的设计问题，确定问题顺序，测试修改问卷），问卷的发放，问卷的回收，问卷回收后数据的统计分析，最后对问卷分析的结果进行评价。问卷的一般结构包括：标题、前言、正文、结束语。问卷调查法的优点有：突破时空的限制，可以同时采访众多对象，节省人力、时间和经费，便于定量分析调查结果。缺点：问题缺乏弹性，很难做深入的定性调查，难以了解被调查者的填写态度，回复率低。在图书采访中，采访人员通过问卷法调查了解读者文献的需求信息和文献出版发行信息等。

（四）统计法

统计法就是收集采访信息的客观数据并保证其可靠性的一种数量分析方法。统计法对采访工作有着重要意义，包括对采访信息数据的收集、整理、计算和分析等一系列环节。在操作步骤上有采集数据、制作图表、参数设计、集中量和差异量的计算、相关度分析、差异性检验校验等内容。常用的统计法有利用电子采访工具的统计，如《中国可供书目》；利用办公软件，如EXCEL，WORD等统计分析功能；利用专门的统计分析软件，如SPSS；利用图书馆集成化管理系统的统计功能，如汇文系统的"订购分类统计""验收分类统计""采访经费统计"等。

图书馆采访信息大多是以数字和数据形式存在的，这就要求采访人员用到大量的统计法。如读者文献需求的类型和数量、馆藏文献体系结构和读者利用率、图书馆每年的采访经费、馆藏的实际入藏量、书商的文献到货率等。

第三节 图书馆文献采访方式及保障

一、图书馆文献的采购方式

高校图书馆文献资源建设与服务,是学校教学科研的重要保障之一。其中,文献采访工作是图书馆文献资源建设的基础性工作,对馆藏文献资源质量和文献资源结构起着关键性的作用,从某种意义上说,甚至决定着高校图书馆整体服务水平的高低。

图书采购工作,是根据图书馆的性质、任务、读者的需求及经费状况,通过选择、采集等方式建立馆藏,并且连续不断地补充新出版物的过程。

近年来,图书市场空前繁荣,图书出版发行体制改革不断深入,使得中文图书的采购渠道不断扩大。同时,计算机网络技术的应用,使得图书购入方式出现了多种模式。这些新的变化,为高校图书馆的文献采购方式提供了更多的选择。

可是随着市场经济体制的运行以及知识经济时代的到来,一方面图书市场日益复杂,书刊价格不断上涨,出版社大量增加,销售、发行渠道日益多样,出版物数量与种类急剧攀升、质量良莠不齐;另一方面读者需求也日益多样化、多变化,因此选择什么样的文献采购方式是高校图书馆比较关键的问题。

具体来说,高校图书馆选购图书具有专业性强、品种多、复本量少和出版社广的特点。图书采购要摆脱传统的单一的供求关系,要开辟多种进书渠道。单一地把订单交给书商或直属书店订购,有诸多不尽如人意的地方。尽管目前一些国营书店在图书批发、零售方面尚占有主渠道的地位,并有良好信誉,在图书品种方面也能满足图书馆的大部分要求,但受传统经营模式的影响,对市场反应和运作相对迟缓,到书时间较长,不适应读者对图书需求的"快"和"及时",导致采购人员工作被动。再者,大部分书店提供的图书还是以普及性、大众性、流行性为主,学术性图书相对较少,故在采购专业性强的学术性图书方面难以满足高校图书馆的特殊要求。而出版社特别是一些大型专业出版社出版的图书专业性较强，方便图书馆对某一方面或某一学科的学术性专业图书进行选择，在新书的提供上也较国营书店快。因此确定相应的文献采购方式是必不可少并且是顺应时代发展要求的。

现在的图书采购方式主要有购入方式和非购入方式：购入方式包括现场采购、书目预订、读者荐购、网上订购、集团采购、邮购、纲目采购、按需采购等；非购入方式包括呈缴、调拨、征集、交换和捐赠等。除此之外，政府招标采购也是一种新的文献采购方式。下面就这些采购方式分别做以介绍。

（一）购入方式

购入方式指图书馆直接通过资金购买获得文献的一种方式，包括现场采购、书目预订、读者荐购、网上订购、集团采购、邮购、纲目采购、按需采购等。

1.现场采购

现场采购是指图书采选人员直接到出版社、各省市新华书店、其他图书供应商的门市部（样本间）直接选购，或参加各种图书订货会现场采访图书。

2.书目预订

书目预订是指通过出版、发行部门的目录征订直至到货的过程，采购对象主要是印刷型出版物。常用的书目主要有《新华书目报·社科新书目》《新华书目报·科技新书目》《上海新书目》和《全国地方版科技新书目》（以下简称"四目"）。

其具体操作流程是：以全国性的征订书目或各出版社、图书供应商等编制的书目为依据，根据本馆的需求情况、馆藏现状及经费使用情况，挑选出相应的图书，由输入人员根据所选图书的书目信息进行查重，并输入相关数据，订购人员根据最后订购的图书，书面填写订单寄给书商，书商将订单分送给出版社，各出版社将书发到书商，书商再把书送到图书馆。书目预订在大部分图书馆的图书采访中占举足轻重的地位。其特点是：看着书目圈选，没有实物。

3.读者荐购

读者荐购即由读者来推荐图书，然后图书馆依据读者的意见进行有针对性的采购。这种采购方式已经成为学校读者参与图书馆文献资源建设的主要形式，是读者享受图书馆个性化服务的重要内容。

教师和学生是高校图书馆的两大主要读者群体，由于职业年龄、文化水平以及兴趣爱好的差异，他们的信息资源需求也存在明显不同。教师是教学和科研的主导力量，是图书馆的重点服务对象，他们的需求主要以专业书籍居多，要求内容新、品种多、质量高；而学生读者则迫切需要一些所学课程的教学参考书，同时他们也希望扩大知识视野，他们求知、求新、求专、求全。因此，让读者参与采访工作，可以加强图书馆与读者之间的沟通与交流，既方便读者推荐图书，也保证图书馆采访人员了解读者需求，使图书馆馆藏更符合读者的文献信息需求。

4.网上订购

随着现代社会信息技术和网络技术的飞速发展，便捷、快速的网络环境为图书采购工作提供了现代化的媒介，网络采访模式成为现代化图书馆采集文献信息的必然趋势。

网上订购也叫在线订购，它是以Internet网络为构架，并由其提供交易平台，以交易双方为主体，以客户数据为依托的一种现代订购模式。具体来说，就是利用现代化信息手段，通过访问网络书店、出版社的主页，查看书店或出版社的最新书目。一般在网页上的每一条书目旁都有一个"订购框"，填上订购数量即可。图书馆选定后，自动产生订单并提交。网上书店采用安全认证、数字签名、网上结算与付费。

具体来说，采访人员首先可在网络上寻找各出版社的文献书目信息，然后根据"访"的结果进行有效的"采"。这样，图书馆可以直接与出版社打交道，减少了许多中间环节，既可以保证学校所需专业图书不漏订，同时还能缩短图书从出版社到图书馆流通使用之间的时间。另外，有些书籍尤其是外文书或多卷书的补充，通过书商一般很难买到，但通过网上书店就能大大增加信息来源，方便、快捷地买到。这一采访模式既保证了图书的购全率又简化工作手续，网上书店、出版社网站书目信息丰富，资源数量大，品种全，范围广，又是无休止服务，是图书采购的必然发展趋势。

5.集团采购（联合采购）

集团采购又叫联合采购，是指在一个区域或系统范围内，集团用户向商家购买数量较多的商品时所采取的一种购买方式。采购方一般由有影响或具有一定实力的图书馆牵头，发布一定的采购信息，其余图书馆自愿加入，组成临时集团或固定集团进行文献采购。

集团采购时，采购方与供应商进行面对面的接触、商谈、达成协议。相对零售业务而言，集团采购一般能在享受同等服务的前提下，享受更优的价格，可以提供免费的书目数据、基础的加工如贴磁条、盖馆藏章和送书上门等服务。但由于联合采购客户多，它在到货时间以及对各图书馆的特色馆藏要求上难以保证。而图书馆在购买电子资源、进行数字化建设时，应采用集团采购的模式，这样可以提高资金的利用率。大量的连续出版物的购买也可以考虑这种模式，但是应该首先了解供应商的背景、资质及信誉，把采购风险降到最小。

6.邮购

邮购是图书馆根据书目、广告、订单向外地的图书出版发行机构汇款，用邮寄的方式购买所需图书，通常用于当地发行、销售单位没有进货或脱销的图书、出版机构自办发行、作者自己包销的图书。这些图书在书店很难购到，只能通过邮购才能获得。邮购方式目前仅用于购买一些作者自费出书或非文献出版社所编印的内部资料。

7.纲目采购

图书纲目采购计划也叫自动配书，20世纪60年代末发源于美国，随后在英、美、加等国的图书馆蓬勃开展，被认为是20世纪70年代以来对图书馆藏书建设最有影响的事件之一。所谓"图书纲目采购计划"就是由书商按图书馆事先提供的"购书纲目"主动地将有关新书提供给图书馆，图书馆则根据样书进行挑选，把认为符合自己需要的图书留下，把不符合自己需求的图书退还给供货方。

8.按需采购

按需采购即读者决策采购，是一种在国外新兴的图书采访模式，指的是根据读者的实际需求与使用情况，由图书馆最终确认采购。按需采购其实就是参照原来传统的纲目购书方式设定购书范围，即首先由图书馆与书商确定符合藏书发展需求的预设文档，之后书商提供符合预设文档要求的图书Marc记录，图书馆再把这些Marc记录导入到图书馆自动化管理系统，读者通过图书馆联机公共目录查询系统（OPAC）查到书目记录后，可以直接点击链接阅读电子书，或者要求提供印刷本，由图书馆再统一付费购买。

这种模式主要是依据读者实际需求采购图书，有助于提高图书馆采访质量，节约经费。正如印度著名的图书馆学家阮冈纳赞所称"图书馆学五定律"中

"书是为了用的、每个读者有其书、每本书有其读者"的思想，在书价不断上涨与图书馆经费不足产生矛盾的情况下，读者决策采购模式实际上就是响应图书馆一直提倡的"以人为本""读者第一"服务理念的最好诠释。高校图书馆可以借鉴这种做法，以读者需求为导向，把有限经费用在刀刃上。目前，国内一些图书馆举办"你选书，我买单"的活动，实际上也是按需采购的有益尝试。

（二）非购入方式

非购入方式指图书馆不通过资金购买而通过其他途径获得文献的一种方式，包括缴送、征集、交换、赠送和调拨。

1.缴送

这是国家为保证完整地收集和保存本国全部出版物，以法律或法令的形式规定全国所有出版社或负有出版责任的单位，凡出版一种新的图书，必须向指定的图书馆免费缴送一定数量的样本，有资格接受呈缴本的一般是国家举办的公共图书馆或省级公共图书馆。

2.征集

征集是指图书馆根据有关信息，采用发函或派人登门访求，有针对性地从机构和个人那里获得各种珍贵图书的方式。

3.交换

交换是图书馆之间或图书馆与其他图书收藏单位之间相互交换图书，达到互通有无、丰富馆藏的一种工作。文献交换按范围可分为国际交换和国内交换，按交换形式可分为直接交换、间接交换和集中交换。

4.赠送

赠送是指一些机构、团体和个人主动、自愿地赠送给图书馆的文献。赠送有两种形式，一种是完全免费的捐赠，主要是个人或企事业单位出版发行的著作赠送给图书馆进行收藏；另一种是图书本身是免费的，但要付少量的手续费或运输费，这种主要是指来自国际团体、我国港澳台团体及个人等原版外文赠书，一般是通过赠书转运站或文献交换中心来获得。

5.调拨

调拨是指在上级主管部门或图书情报协作协调机构的组织下，有计划地将一些图书馆的馆藏图书资源调拨给一些有需要的图书馆，使接受调拨的单位免费迅速增加其图书量。调拨的意义在于它能使获得调拨书刊的图书馆无偿地得到大批藏书，充分发挥调拨书刊的潜在价值，同时也能缓解文献调出馆书库紧张的矛盾，提高它们管理、流通工作效率。此种方式适合那些新建的或馆藏量少的图书馆。

二、图书馆文献采访的保障

（一）经费保障能力

图书馆的文献采访主要是金钱与文献的交换。一定的经费是采访工作得以进行的先决条件。理想化的经费供给是图书馆需要多少就给多少，这在实际工作中是办不到的。图书馆的文献资源属于社会资源，其配置受到社会经济、文化、科技、教育等多方面因素的制约。就目前而言，无论是发展中国家还是发达国家，图书馆获得的投入与图书馆需求之间都有或大或小的差距。考察一个图书馆的经费保障能力不能单看经费供给量大小，还要看经费供给是否适度、经费来源是否固定、经费使用是否合理。

1.经费供给量

一个图书馆的文献购置经费少了当然不好，购置的文献难以满足读者的需求。过量的购置经费也不好，因为有可能造成资金的浪费。一般来说，判断一个图书馆文献购置经费是否充足多是用比较的方法。如比较本馆历年文献购置经费的供给情况，比较同类型同规模的图书馆经费供给情况，比较书刊历年价格变动情况，比较历年到馆文献数量等。

说到经费供给量，必然要考虑图书馆的经费需求。每个图书馆由于其服务功能、服务对象、服务范围的区别，其文献购置费的需求也是不相同的。人们在谈论经费供给的时候，采用对比的方法无可厚非，但这种方法多是粗放式的，缺少科学的成分。一个图书馆每年需要多少文献购置经费，不能仅靠比较和估计，而是要依据图书馆的具体情况进行分析。这种分析应该考虑到：①年度文献购置费是否能保证本馆馆藏文献的连续性和系统性。②年度新增文献是否能满足本馆读者70%以上的文献需求。③年度文献购置费是否与本馆文献采访工作量相匹配。④年度文献购置费是否能满足本馆服务功能之需要。

2.经费来源

图书馆的经费来源有多种渠道。

（1）政府财政拨款，主要针对各级公共图书馆。

（2）主管部门拨款，主要针对学校、科研机构、机关单位图书馆等。

（3）社会捐赠，有个人捐赠和社会团体捐赠两种形式。捐赠对象多为学校图书馆和公共图书馆。

（4）自筹经费主要针对个人或股份制图书馆。

3.经费的使用

考察一个图书馆经费保障能力的另一个重要方面是经费使用的合理性。图书馆的文献购置经费不是一次性使用完的，而是在一个年度范围之内分批使用的。图书馆采访文献大多不是采访单一类型的文献，而是采访多种类型的文献。这就涉及经费的计划使用，经费对各类型文献的投入比例，以及经费使用的审计和监督等问题。

（二）管理保障能力

管理指为实现目标而组织和使用各种资源的过程。文献采访是图书馆进行的有目的的活动，它涉及多种因素，如经费、采访人员、出版发行、出版物等。文献采访也是一个过程，有多个环节和程序，如查重、采购、验收、报销等。为了实现图书馆文献采访的目的，必须进行有效的管理，通过管理来规范和约束采访行为，提高文献采访的效率。可以说，一个图书馆文献采访能力愈强，其管理保障能力也愈强；管理能力愈差，其文献采访能力也愈差。

图书馆文献采访工作管理涉及许多方面。从宏观来看，除了前面提到的政策保障和经费管理外，对文献采访能力影响较大的因素是机构与人员、制度和工作环境。

1.机构与人员

文献采访在图书馆工作中处于龙头性的重要地位。每个图书馆不论大小，都要设立相应的采访工作部门，配备适合的采访工作人员。对于采访工作量大、采访文献品种多、专业性强的图书馆应设立采访委员会—采访部—采访馆员三级管理体制。必要时还应设立文献采访咨询委员会。

采访委员会负责全馆采访工作重大问题的决策，采访部负责全馆采访工作的整体实施，采访馆员负责具体的采访工作。

当前，各图书馆文献采访机构的设置不尽一致，主要是因为各馆采访工作的实际情况不同。总体来看，也有对采访工作重视程度不一样的原因，例如，对于大多数中小图书馆来说，有的没有设立专门的采访机构，有的甚至没有专人负责文献采访工作；有的图书馆设置了采访编目部，负责文献采访和编目工作。

在人员的配备上，不能只注意采访人员的体力支出，而忽视采访工作人员的智力投入。实际上，在商品流通非常便捷的环境中，文献采访馆员智力投入的重要性和投入的时间要远远大于体力的付出。

2.制度管理

制度管理是文献采访工作程序化的重要保障。图书馆的馆藏文献不是散乱无序的堆积，而是有目的的不断增长的有序化的文献集合体。馆藏文献建设的目的性、有序性，决定了文献采访的目的性、有序性；也就是说，一个图书馆要搞好馆藏文献建设，首先要明确文献采访的方针和政策。文献采访工作有多道程序，采访者在工作中既接触钱又接触物。要使文献采访工作流程合理，行为规范，就必须制定健全的规章制度。

完善合理的文献采访制度是图书馆文献采访工作科学化、规范化和制度化的必要条件。目前来看，随着图书馆采访工作实践的日益规范化和标准化，文献采访制度的修订也在日益完善。

3.工作环境

文献采访工作与图书馆其他各项工作比较，具有其自身的重要性、复杂性和多样性。说其重要，每年有大量的资金从采访人员的手中支出，大批文献由采访人员手中采入，资金投入的价值如何，采访人员的行为起着重要的作用。说其复杂，每一种文献从发行信息的收集到采访进馆，经历了多种决策和多道程序。说其多样，采访者在选择文献时，以学者的角度，体现着对知识的把握，在购买文献时，以经营者的角度，体现着经营的理念；在与社会方方面面的联系中，以社会工作者的态度，体现着公关与沟通的技巧。从管理的角度出发，要搞好文献采访工作，不仅需要合理设置采访机构和人员、制定和完善相关的规章制度，还需要一个优化了的文献采访者的工作环境，涉及文献采访活动的各个方面，从"以人为本"的管理理念出发。这种环境主要指对文献采访工作者的约束机制和激励机制。

图书馆对文献采访者行为的约束机制包括：不断地对采访者进行思想道德和职业道德的教育，使采访者牢固树立为读者服务的思想；制定相应的规章制度，如资金支出和报销制度，约束和防范采访者在经济活动中的违规行为；建立文献采访工作的评价体系，促使采访者不断提高自身的采访能力和工作水平等。

图书馆对文献采访工作的激励机制包括：对采访工作的成绩给予肯定和表扬；对采访工作者的工作条件尽可能加以改善，配置各种必需的文献采访工具，以提高采访工作者的工作效率；对采访人员给予关心，解决采访工作者的后顾之忧等。激励机制要使采访者保持一种积极向上的精神状态，不断提高采访工作水平和采访工作质量。

（三）采访工作者保障能力

当图书馆的文献采访条件具备一定的水平之后，采访者的工作能力就是关键因素了。图书馆的经费保障能力、管理保障能力是文献采访工作的客观条件。而文献采访者的工作能力则是采访工作的主观条件。只有当主、客观条件同时满足了图书馆文献采访工作的需求，才能说图书馆具备了较强的文献采访能力。

当今社会，随着知识爆炸和文献载体的多样化，图书馆对文献采访工作的要求越来越高。作为文献采访工作者来说，必须具备相应的素质和能力，才能适应现代图书馆的要求。对文献采访工作者能力的要求是多方面的，从文献采访工作的专业特性来看，采访工作者应具备以下工作能力：

1.信息收集能力

文献采访活动是不断决策的过程，每选择一种图书，就是一次决策。要使决策准确有效，就必须掌握相应的足够的信息。为此，文献采访工作者的信息收集能力就显得十分重要。文献采访者应掌握的信息主要有三大块，即出版发行信息、读者需求信息和馆藏文献信息。要获取这些信息，采访人员就要走出办公室，到出版发行部门去获取，到读者中去征询，到文献流通、阅览部门去了解，去调研。信息获取之后，还要对信息进行分类、筛选、分析、判断，选择真实可靠的信息作为决策的依据。文献采访工作所需的信息是动态的、不断变化的，这就要求采访人员不断提高文献信息收集的能力，进而提高文献采访决策的目的性、准确性，减少盲目性。

2.知识的理解能力

采访是对文献也就是对知识进行选择，这就要求文献采访者选择文献时，要具备一定的知识和对知识的理解能力。面对迅速发展的科学技术，面对层出不穷的新知识、新观点，文献采访者作为个体，其知识面、知识掌握的深度都是很有限的。为此，文献采访者需要勤于学习，善于学习，不断提高自身的知识理解能力。同时，文献采访者还要善于利用他人的知识来弥补自身的不足，例如选择文献时，对于自己把握不准的东西，应请教专家、学者或读者参考解决。

3.文献鉴赏能力

文献除了内容之外，其载体多种多样，规格大小不一，装帧和印刷质量各异。这就要求文献采访人员在选择文献时要具备一定的鉴赏能力。图书馆文献采访人员面对的是大量的文献，其操作时间很有限，在选择文献时难以像个人购买者那样仔细和认真，所以，这种鉴赏能力主要表现为对文献质量的把关。当前，出版业在迅速发展的过程中，出于利润的驱动，急功近利者并不少见。采访人员要把好质量关，就需要具备辨别文献质量的能力，掌握文献选择的各种技巧。文献鉴赏能力不是生来就有的，需要采访人员去不断地实践、积累和提高。

4.公关和协作能力

文献采访工作属于外向型工作，与图书馆外部联系较多。要想有一个和谐的工作环境、友善的人际关系，采访人员必须具备一定的公关和协作能力。随着图书馆网络化建设，随着图书馆文献资源的共建共享，对文献采访工作者的活动能力提出了更高的要求。此外，文献采访工作者的采访活动是代表图书馆进行的，采访者作为图书馆的"形象大使"，其公关和协作活动能力对图书馆的形象树立有着重要影响。为此，文献采访工作者应不断提高自身的公关协作能力，以适应工作的需要。

5.经济运用能力

文献采访是一种经济活动，耗费的是资金和人力。因此，文献采访者的经济运用能力十分重要。尤其是在经费短缺的情况下，采访人员应处处精打细算，用好手中的每一笔资金。当前，文献采访活动中经济运用方面的空间还是不小的，如同类文献的价格差、同种文献不同载体的价格差、同种文献不同装帧形式的价格差，获取方式不同带来的费用效应等。要提高经济运用能力，首先要求文献采访工作者强化自身的风险意识和成本意识，加强工作责任心；其次要求在工作实践中不断地摸索和总结经验。

第四节　图书馆文献信息服务的发展

一、图书馆在传统文献信息服务方面的特点

第一，为学科建设服务，提高学校教学实力及科研能力。高校图书馆的文献信息服务，其重点为收集并向学校各专业提供教学前沿的科研资料及相关成果。信息传播的网络化有助于将国内外最新的科研信息及学术信息传递给教师及科研人员，为其教学工作、科研工作的开展发挥良好的辅助作用。而要想将这个作用发挥得更好，高校图书馆应在信息资源网络基础上，创建信息资源共享体系。依靠信息资源公共平台，进行针对各校馆藏文献的共同收集、资源建设的馆间合作与文献信息的传递服务，共建共享信息资源体系。除此之外，高校图书馆依据该校各专业的特点与用户对信息的个性化需求，创建数字化图书馆咨询系统，为高校的教学及科研提供集成存储、检索国内外全文数据库、多媒体资料、核心期刊与电子文献信息资源，还凭借有序的搜索及组织，提供全球网络资源，为科研及教学开展文献资料专题服务。

第二，为培养学生而服务，提升学生的信息素质和信息技能。高校图书馆为学生信息素质教育尽其所能，为其提供学科有关的文献资源，使学生不仅能从图书馆中获得和本学科有关的资料，还能接触到与其学科有关的其他学科的报纸、杂志、图书等各种形式的文献资料。大学生不仅要懂得利用知识，还要掌握得到知识的渠道，这也是一种学习。高校图书馆向大学生提供了丰富的文献资料、学术环境、信息人员及技术，为实行大学生信息素质教育配备了物质条件。高校图书馆通过开设文献信息检索课，培养学生获取信息的能力，凭借对网络资源知识的宣传，使学生学会对该馆网络资源及网上虚拟资源的查询。有些图书馆还对网上信息实行分析，对知识实施重组，指导学生学习并提升信息处理、加工能力，在学生实践的过程中，教会其运用归纳演绎、分析综合等方法处理网络信息

资源。

二、图书馆实现社会化文献信息服务的优势

高校图书馆拥有的信息总量巨大，假如可以利用信息技术将这些信息分享给社会，这项工程一旦完成，其能体现的社会价值会不可估量。要实现这项工程需要具备如下几个优势：

其一：信息资源方面的优势。高校图书馆是为向高校教师提供协助与提升学生知识水平而设立的，为此馆内的文献资料是以学校相关学科为导向而储备的，学科指向性比较强，专业性强的文献资料或者科研成果数量之多是别的信息机构比不上的。除此之外，馆中还有很多别的收藏，如报纸、期刊、杂志、图书、光盘、数据库等类型的资料。高校图书馆拥有的专业性信息资源的数量之大及信息资源的种类之全都是别的信息机构比不上的，也是其信息资源方面的优势。

其二：技术与设备方面的优势。高校图书馆为了实现社会化文献信息服务，在信息时代背景下顺应时势利用信息技术构建了数字图书馆，并且依靠网络技术与国际检索系统相连接。在此基础上，高校可以凭借高科技的信息设备及相应技术来拥有较强的网络检索实力，这些是社会上的一般信息机构无法达到的。高校图书馆拥有的科技前沿的信息技术及设备为向社会提供信息资源服务奠定了良好的物质及技术基础。

其三：人才方面的优势。由于我国高校的人才录用机制对人才的准入要求比较高，高校图书馆中管理人员的最低学历要求是大专，在学校经历过良好的文化教育及相应的专业培训，且理解能力强。一个整体文化水平比较高的团队使高校图书馆在信息开发方面拥有极大的优势。

三、图书馆文献信息服务的发展趋势分析

为有力推进高校图书馆向前发展，实现高校文献信息的高效应用，教育工作者要明确高校图书馆在今后所要服务的对象范围，还要大力推行服务模式的改革，使高校图书馆文献信息服务向社会化服务模式迈进。该过程中，高校图书馆文献信息服务具有以下几个方面的发展趋势：

趋势一：从传统服务向用户本位服务理念迈进。"用户本位"服务理念的核心思想是需清楚对方需要哪方面信息，建立"读者第一"的服务理念，构建并完

善将客户作为服务核心的服务机制；突破传统，对以往仅重视文献收集、存储却不重视文献利用的工作方式进行改进，使更多高校的文献资源入网，使这些资源获得高效的开发与应用。

趋势二："传统"和"数字"的综合服务模式的形成。传统意义上的图书馆，通常在文献收集中将纸质文献作为主要文献收集形式，该类文献的保存时间更长，不容易失真，并且文献内容相对系统、全面，未涉及版权保护问题。而新兴的数字图书馆建立在计算机网络的基础之上，通过数字存储方式收集文献资料，再借助网络向用户提供文献检索、阅读服务事项，该服务方式不会受制于图书管理工作人员的服务质量以及时空、数量等因素，信息传递的速度极快，能够从中获取最新资料。但数字图书馆的服务形式也有缺点，其受制于用户的硬件条件，并且数字信息载体不能保存很长的时间，在文献资料的内容方面也不够系统、容易失真，还存在病毒侵蚀的安全问题等缺点。为此，要将传统意义上的图书馆和数字图书馆进行合理、科学的综合利用，两者之间互相取长补短，才能向用户提供更好的服务。

趋势三：从一般服务向高水准的服务水平发展。社会经济与科技水平高速发展，所产生的信息也在不断增多，用户需求只有借助与文献资源集存机构之间的合作方能满足。为此，高校图书馆需要推进数字资源的收集、存储、组织及加工，对特色库的建设工作要继续跟进并加强，开展网上专业性、特色性的文献信息服务，持续将开放的、免费的学术期刊收入文献资源建设与服务范畴，并需及时对专业学科的文献信息进行整理、归纳，使之具有专业文献信息资源高度集中的特色，构建一个稳定、持续、高效服务的基础。

趋势四：服务人才从专业型向复合型转变。为实现创建一支优秀队伍的目的，在平时的服务工作中，高校图书馆要务必加强对工作人员各项能力的教育及培训，不断提升员工的专业水平与服务意识。最大限度地利用好学校的教育优势，凭借继续教育等方式向员工提供带薪培训等学习条件及学习环境。此外，需要制定对应的激励机制以提高员工的学习热情及主动性，争取创建一支具有多项能力的专业复合型人才。

在当今信息知识暴涨的时代，加快信息资源的传递速度，提升信息资源的利用率，达成信息资源的社会共享目标是信息资源发展的必然趋势。基于高校图书馆在传统文献信息服务方面的特点及实现社会化文献信息服务的优势，高校图书馆在文献信息服务方面应向着"用户本位"的服务理念、"传统"和"数字"的综合服务模式、更高水准的服务水平、复合型的人才队伍模式迈进。高校图书馆在文献信息服务方面需要不断开拓进取，使高校图书馆能够更好地为学校、为社会服务。

第三章
图书馆档案管理

科技的飞速发展既为我国图书馆事业带来了新的发展机遇，同时也使其面临着更为严峻的挑战。而档案管理作为图书馆管理工作的重要组成部分，对图书馆事业的长远发展具有至关重要的影响。本章在深刻理解档案与档案管理相关知识的基础上，解读图书馆档案管理的作用及意义，剖析图书馆档案管理工作的现实状况，最后探讨图书馆档案管理工作的提升途径。

第一节 档案与档案管理的深刻理解

档案管理工作是档案部门直接对档案实体和档案信息进行管理并提供利用服务的各项业务工作的总称，也是国家档案事业最基本的组成部分。具体讲，即对于处理完毕并具有保存价值的各种文件实体及信息进行收集、整合、鉴定、保管、开发和提供利用的一系列业务活动。在现代社会，档案不仅是各类单位在行政管理、产品研发、生产和销售、经营管理等活动中必然生成的原始记录，而且档案还是各单位管理创新、技术创新和提高竞争力的一种重要的智力资源。为此，档案管理就成为各单位一项必不可少的、具有较强专业性的管理工作。

一、档案的基本知识

档案是社会组织或个人在工作活动中采用书写、绘制、拍照、录音、录像等方式记载,并保存下来供查考的原始信息。档案的历史可谓源远流长。我国古代的档案在各个朝代有着不同的称谓。商代称为"册",周代叫作"中",秦汉称作"典籍",汉魏以后谓之"文书""文案""案牍""案卷""簿书",清代以后多用"档案",今统一称作"档案"。根据考古证实,我国现存最古老的甲骨档案出现在公元前14世纪前后的殷商时期,至今已经存在了三千多年。千百年来,随着生产的发展和技术的进步,档案的载体由早期的龟甲兽骨、青铜器皿、竹简木牍、石料、缣帛等材料发展为纸张,近、现代以后又出现了以胶片、磁带、计算机磁盘、光盘等为载体的新型档案。与此同时,档案的来源不断扩大,从以官方机构为主,发展到各类企业、学校、医院、社团,以至于家庭或个人都形成档案;档案的内容从主要记载国家事务,逐渐扩展为大量记载各种社会生产、生活和自然现象,档案因此成为一种全面记录和反映国家与社会历史发展状况的宝贵的信息资源。

(一)档案的界定

中国档案学界从20世纪50年代起,就一直在不断地探讨档案的含义,直到公布并实施了《中华人民共和国档案法》,才对档案的含义有了一个比较一致的认识基础。档案是指过去和现在的国家机构、社会组织以及个人从事政治、军事、经济、科学、技术、文化、宗教等活动直接形成的对国家和社会有保存价值的各种文字、图表、声像等不同形式的历史记录。所谓历史记录,是指首次生成并以一定方式记录在某种载体上的信息。它包括行政文件、经济文书、科研设计材料、手稿、日记、书信、家谱、照片、录音、录像、数字化信息等。比如:单位在行政管理工作中形成并保留下来的决定、会议记录,在生产活动中形成并保存下来的生产计划、产品设计图纸,在商务活动中形成的客户信息记录、销售情况记录,在员工聘任和考核中形成并保存下来的表格,在财务管理中形成的会计凭证、报表等。

（二）档案的形成

1.档案的形成渊源

（1）档案形成者的类型。从形成者看来源，有三类：机构、组织、个人，即国家所有、集体所有、个人所有。档案形成者的类型非常广泛，就组织的角度而言，档案来源于依法成立并能以自己的名义行使权利和承担义务的各种组织，即"法人"。它包括各级党政机关、各种工商业、金融保险业、房地产业、信息产业、服务业的公司，各类教育、科研、卫生、文艺、体育、社会福利机构，还有学会、协会、商会等社会团体。档案在这些单位内是按照职责分工连续地、有规律地形成的。从个体的角度来说，档案来源于依法享有权利并承担义务的个人，即"自然人"，以及家庭、家族。在这个范围内，档案是围绕个人、家庭、家族的社会活动或家庭事务形成的。

（2）档案与其形成者的关系。档案是其形成者在自身的活动中形成的，属于同一个形成者的档案之间存在着不可分割的密切联系。比如：一个企业进行管理、开展经营活动形成的工作制度、操作流程和规范、各种会议记录、各种合同和客户登记、产品生产或销售记录、产权证明、财务账目等，这些文件既是这个企业开展工作的工具，又记录了其活动的实际过程，能够全面、系统地反映这个企业的历史活动面貌，是一个有机的整体，因此，这些档案不能分散，应集中管理。

2.档案的形成过程

档案是由文件有条件地转化而来的，这里的"文件"是指广义文件，即一切由文字、图表、声像等形式形成的各种材料。档案和文件是同一事物在不同价值阶段的不同形态，两者具有同源性和阶段性的共性，也具有实效、功用、离合等个性差异。从文件到档案是一个批判继承的辩证运动过程。从信息的内容和形式来说，两者是完全相同的，但从时效、价值和系统性上来说，档案是对文件的不断扬弃。首先是时效性批判，档案是已经办理完毕的文件；其次是价值性批判，档案是办理完毕的文件中具有保存价值的部分；最后是系统性批判，档案是把分散状态的文件按一定逻辑规律整理而成的信息单元。因此，文件是档案的前身，档案是文件的归宿；文件是档案的基础，档案是文件的精华；文件是档案的素材，档案是文件的组合。档案是单位或个人在现实工作中形成和使用的各种文件的转化物。由于单位和个人的社会职能、活动方式、沟通渠道不同，因此，其档案在形成过程上也存在一定的差异。个人、家庭或家族的档案以手稿、日记、书信、契约、账册、家谱、音像材料为主，一般在形成之后经过一定的整理，进行有序积累，就可以作为档案保存。而单位档案的形成过程比个人档案要复杂一些，它们一般都要经过一系列的工作程序之后才能形成。在这里我们以单位的档案为主描述和分析其形成过程。

第一，处理完毕的文件才能成为档案。档案是从文件转化来的，档案与文件是同一个事物的不同运动阶段。文件是单位开展各项工作的办事工具和沟通媒介，具有时效性，而档案的主要作用是备考。所以，只有当文件处理完毕以后，不需要在单位的现行工作中运行了，才可以作为档案保存。在这里，文件的"处理完毕"是指其完成了收文、发文等文书处理程序。需要指出的是：文件的处理完毕与文件内容所针对事务的办理完结并非完全同步。在实际工作中，一些文件内容的办理完结与文书处理程序的完结可以同步。文件处理完毕转化为档案之后，其中一部分丧失了现行效用，成为历史文件，另一部分则仍然具有法律上和行政上的效用，可作为现实工作的依据。

第二，对日后工作活动具有一定查考利用价值的文件，才有必要作为档案。保存在现实工作活动中产生和使用的所有文件对人们今后的活动未必都具有查考利用价值，其中一部分文件在工作任务结束后，自身的利用价值随之完结，不需要继续保存，而另一部分文件则因为对今后的工作活动具有查考利用价值而被人们作为档案保存下来。因此，文件能否转化为档案需要人们通过鉴定来决定。文件的查考利用价值主要是指其在事实、证据、知识等方面对人们和社会的有用性。在文件向档案转化的过程中，查考利用价值是档案形成的关键因素和条件，只有具有查考利用价值的文件才有必要作为档案保存。因此，"有文必档"会导致档案质量的良莠不齐和管理资源的浪费，而不重视积累档案则会造成工作的被动和历史的空白。

第三，经过立卷归档集中保存起来的文件，才最后成为档案。文件是伴随着单位完成各项工作任务的过程而逐渐生成的，这就使文件分散于各个承办部门或人员手中。文件的这种分散状态不符合档案管理与利用的要求。为此，人们需要将具有保存价值的文件集中起来按照一定的规律对其进行系统化整理，并移交给档案部门，这就是立卷归档。因此，可以说办理完毕、具有查考利用价值、经过立卷归档的文件才能转化成为档案。

由此可见，档案虽然是由文件转化来的，但是文件不能自动地成为档案，其间必须经过有关人员开展鉴定和立卷归档工作，才能使具有保存价值的文件最终转化成为档案。在这里归档既是文件向档案转化的程序和条件，又是文件转化为档案的一般标志和界限。

（三）档案的外在形式

档案的外在形式是指其外貌特点。社会活动中原始信息记录方式的多样性决定了档案形式的多样性。

1.档案的构成要素

档案实体的构成要素包括档案的载体、档案信息的表达方式和档案信息的记录方式三个方面。

第一，档案的载体是指承载档案信息的各种物质。我国从古至今使用过的档案载体材料有甲骨、青铜、石材、竹简木牍、缣帛、纸张、胶片、磁带、磁盘、光盘等；从发展进程来看，档案载体制造工艺中的科技含量越来越高，体积越来越小，越来越轻便，而它们所承载的信息量则越来越大。

第二，档案信息的表达方式包括文字、图示、图像、声音四种类型，例如，行政文件多采用文字表达方式，产品设计文件多采用图示或图像的表达方式等。

第三，档案信息的记录方式是指档案信息与档案载体结合的手段，包括刻铸、手写、印刷、晒制、摄影、录音、录像、录入、刻录等方式。

2.文件用途的表示方式

文件有不同的用途，文种名称则是文件用途的表示方式。时代不同，文件种类以及名称也各不相同。例如：我国封建时代的官方文件有制、诏、诰、谕、题、奏、表等。而现代社会，各单位在行政管理中有章程、条例、命令、决定、意见、请示、报告、通知、通报、公告、计划、总结等；在生产活动中有设计方案、工艺图纸、数据库等；在经济活动中有市场分析报告、市场预测报告、产品营销策划书、广告文案、报表、账簿、合同等。

3.档案的版本

档案的版本是指文件从拟写到办理过程中所形成的不同稿本，如草稿、定稿、正本、试行本、副本等。在实际工作中，各单位都必须使用定稿、正本、试行本、修订本等经过正式程序制发的有效文本。当文件转化为档案时，在版本上要注重选择可靠程度最高的版本，一般只保留原稿、原本，不留存副本。所以，档案是以孤本为主，不像图书那样存在大量的副本。档案的版本特点给管理工作提出了更高的要求。

（四）档案的本质属性分析

（1）档案具有社会性。档案是人们在社会活动中直接形成的，其内容是对社会活动的内容、过程及结论的原始记录，而非自然界的产物。因为自然界也存在着大量的对自然现象及其演变过程具有原始记录作用的东西，如动物化石、树的年轮、岩石、山川、河流、森林、沙漠等。这些直观的东西对于人们进行自然科学研究不仅具有原始记录价值，而且是重要的凭据与基础。人们借助相应的理论和技术手段可对其进行研究，发现自然界演化的历史进程和规律，为保护、利用、开发自然资源奠定基础。但档案不是自然界形成的原始记录，而是人类在社会活动中形成的原始记录，其内容虽然会大量涉及自然界，但它毕竟是人类研究、开发、利用自然界的社会实践活动的产物，与自然界形成的原始记录不可混为一谈。

（2）档案具有历史性。从时态上讲，档案是已经形成的而不是正在形成的或尚未形成的东西。也正因为如此，这种以往社会活动的原始记录，就可以把过去带到现在或者是未来，也就是所谓的"让历史告诉未来"，从而将过去、现在和将来联系在一起，维系人类社会的时空统一性与整体连续性。所以，人们一般由此将档案看作是一种历史文化遗产。当然，它不是人类历史文化遗产的全部，而是其中具有基础性支撑意义的重要部分。

（3）档案具有确定性。档案内容信息具有清晰性和确定性。换句话说。档案所记录的内容是清清楚楚、明明白白的，而且这些清晰、确定的信息内容又依附于一定的物质载体形式而存在的，二者缺一不可。这是档案区别于最为邻近的事物——文物的根本点。没有载体形式的原始性信息不能成为档案；没有清晰、确定的信息内容的原始记录物也不能成为档案。

（4）档案具有原始记录性。档案是人们在社会活动中直接形成的原始性信息记录，对以往社会活动具有直接的原始记录作用。所以，学术界一般认为：

"原始记录性"是档案的本质特性之一，是档案区别于其他事物的本质规定性所在。但这一本质属性在现实中和许多复杂事物的本质特性一致，并不是表现得很固化，而是具有明显的相对性和动态性特点。因为事实上，并不是除了某种具体的信息物，其他都不是档案，而是许多信息物只要对于人们理解、考证以往的历史事实具有程度较高、最可信赖的原始作用，人们就会将其视为档案，并将其作为档案来保存、使用。这也是档案的实际存在形式广泛复杂、多种多样的根本原因。从信息理论和人类之所以保存、使用档案的心理根源及实际需求角度讲，档案实际上是人类追求信息的确定性和可靠性的产物，是社会实践必须有确定、可靠的信息支撑方能有效进行的现实需要的产物。

原始记录性是档案具有可靠的凭证作用的原因所在。因此，保持档案的原始记录性就成为档案管理与利用工作中的一项神圣职责。我们应该明确，无论何时何地，都不允许任何人改变档案的原始信息内容记录的状态，否则就会造成档案失真，从而造成历史事实的扭曲。在我国，档案的原始记录性受到国家法律的保护。《中华人民共和国档案法》规定，对损毁、涂改、伪造档案等行为，根据情节轻重，给予行政处分，直至依法追究刑事责任。因此，各单位的工作人员以及每个公民必须依法保护档案的原始面貌，维护好历史真实性的源头。

（五）档案的类别划分

档案的分类是指根据一定的标准，按照档案在来源、内容、时间、形式等方面的异同进行分门别类。我们可以在三个层面对档案进行分类。

1.档案实体的分类

以档案实体为对象，按照其形成特点和历史联系，逐级分为多种类别。档案实体指档案原件，档案实体分类是出于保管的需要而对档案原件进行的分类，分类的结果是构成档案的保管体系。档案实体分类包括如下两个范围。

（1）全宗内档案的分类。全宗内档案的分类是对一个独立的单位或个人全部档案的分类，通过分类使该单位或个人的档案构成有机的联系，并能够显示出其历史活动的面貌。

（2）档案馆档案的分类。档案馆集中了许多单位和个人的档案，为此，也需要实行分类管理。目前，我国的档案馆对全部馆藏档案一般是按照全宗群的原则，根据档案形成过程中历史的、工作系统的载体形式的特点进行分类。

2.档案信息分类

档案信息主要指档案所记述和反映的内容。档案信息分类就是对档案检索工具所存储的信息类别进行区分与组织。它是根据社会实践活动的领域以及单位或个人的职能分工内容进行划分的。因此，档案信息分类的结果是建立档案信息检索体系。

3.档案种类的划分方法

与前两者的分类不同，档案种类的划分属于对档案进行概念上的分类，所针对的是我国的全部档案。由于认识的角度不同，所以，形成了多种档案种类的划分方法。

（1）按照所有权划分。根据《中华人民共和国档案法》，我国的档案按所有权分为国家所有的档案、集体所有的档案和个人所有的档案三类。

（2）按照档案工作中通行的方法划分。在档案管理的实践中，档案工作者还将档案划分为文书档案、科技档案、专业档案（也称"专门档案"）三种类型，并在档案界得到了普遍的认同。其中，文书档案主要指由各类单位在管理活动中形成和保存的各种行政或业务文件，如命令、请示、通告、计划、总结、合同、市场调查和预测报告、营销策划方案、客户记录等；科技档案主要指由企业或科研单位在生产和科研活动中形成和保存的科技文件材料，如图纸、科研成果报告等；专业档案则主要指除了文书档案和科技档案之外，所有在专业活动中形成的档案。为了保证国家档案资源的完整，国家档案局分两批发布了《国家基本专业档案目录》。国家档案局在关于印发《国家基本专业档案目录》的通知中指出："凡列入本目录的专业档案，是满足各项事业和人民群众基本需求必须建立的档案种类。"该目录将我国的专业档案划分为：人事类、民生类、政务类、经济类和文化类五大门类，各门类下列出了具体的专业档案名称。比如：政务类档案包括人民检察院诉讼档案、人民法院诉讼档案、公安业务档案、公证档案等；经济类档案包括：会计档案、房屋产权登记档案、企业法人登记档案、审计档案、商标档案等。

（3）按照档案的载体形态划分。按照档案的载体形态不同，可以将档案划分为甲骨档案、金石档案、简牍档案、缣帛档案、纸张档案、照片档案、录音档案、录像档案、计算机磁盘档案及光盘档案等。

二、档案的作用及发挥

档案的作用是指档案对人们的社会实践活动所产生的积极影响；同时，档案作用的发挥具有一定的规律性。了解这方面的知识对于我们做好档案工作具有重要的意义。

（一）档案的基本作用体现

（1）机关工作的查考凭据。档案记录了各种机关、单位过去活动的状况，其中包括行使行政职权的法律依据，处理行政事务的过程与结果以及管理活动的经验，它是任何一个政府、任何一个机关单位连续工作必须查考的凭据。自古以来。如《周礼》中即不乏执掌王命典法令则，"以考政事""以逆邦国都鄙官府之治"之类的记载。《现代档案——原则与技术》认为档案"是一个政府借以完成其工作的基本行政工具"。我们党和国家历来强调办事要实事求是，各种机关单位为了有效地实行管理，必须切实掌握材料。档案可以为党、政、军等机关、企事业单位的领导工作和业务管理，提供证据和咨询资料，借以熟悉情况、总结经验、制订计划、进行决策、处理各种问题。否则，只靠记忆处理工作则有时无以为凭，或往往有失准确，对间隔日久的事务人们难免遗忘。例如，许多机关在建立和健全工作制度、进行改革、落实各项政策和制定规则等各种活动中，大量地查考了档案，顺利地推动了工作。有的地方档案散失，"无案可查"，则给工作造成许多困难。事实证明，大至制定党和国家的方针、政策，小至处理机关单位的具体事务，档案乃是行政管理的一种工具，充分发挥档案的作用有助于克服官僚主义，提高工作效率。

（2）生产建设的参考依据。档案中记载了各种生产活动的情况、成果、经验和教训。从自然资源、生产手段到生产过程以及计划管理和生产技术等各方面的信息，都可以作为工农业生产和经济管理的科学依据和参考材料。当今日益增多的科学技术档案，更是进行现代化生产管理和科学技术管理的重要条件。但是，无论普通档案，还是科学技术等专门档案，总的来说，都在不同程度上和不同的方面反映了经济活动的情况，都能为以经济建设为中心的现代化建设提供咨询研究、统计监督的情报信息，对制订经济计划，检查和总结生产情况，推广先进生产技术和管理经验以及防止灾害等，都是重要的参考材料。

（3）科学研究的可靠资料。无论是自然科学还是社会科学、思维科学的研究，都必须详细地占有材料，才能据以潜心钻研，探索事物发展的规律。档案可以从两方面为科学研究提供丰富的历史资料：一方面，专门进行科学研究的原始记录可供现实的研究工作直接借鉴；另一方面，从记录的广泛事实和经验中，为各项研究活动提供大量的实验、观察和理论概括的基础材料。所以，档案是科学研究的必要条件。我国水利、气象、地震等方面取得的某些科研成果，也是利用几百年来大量有关档案材料经过分析研究的结果。所以人们常常比喻说，它是从事科学研究不可缺少的"粮食"。

（4）宣传教育的生动素材。档案之所以成为宣传教育的生动素材，是因为它以历史性、直观性和原始性等而见长。

此外，档案能够以其内容、含义和外形特征如实地说明历史上的某些事实作为证实国家、集体和个人正当利益的书面文件。因为档案在反映社会各种具体活动的同时，也反映了当事者应有的合法权益，其中包括立法性质的文件、证明文件和相互交往的各种材料。例如法律、法规、协议、合同、名单、记录、报告与批件、书信、账本、单据、存根等这些原始材料，有的规定了各种社会关系、经济关系和政治关系的组成，有的记载了有关事件的过程，各方面承担的权利和义务以及当事人具有的资历、待遇和荣誉。在这些方面产生疑问、争执或纠纷时，档案最能有力地说明权益的归属，成为权威性的法律证书，并有一定的物证作用。长期以来，为了证实国家、机关单位和个人的合法权益，档案发挥了广泛的作用。许多单位和个人以档案为证据解决了债务、产权和著作权等各种纠纷，证实了个人的学历、经历以及工资、福利待遇方面的诸多问题。

（二）档案作用发挥的规律性

档案的作用是客观存在的，但是其实现的方向、程度和方式却因时空环境的不同而有所不同，并表现出一定的规律性。

1.档案作用从形成单位转向社会扩展

档案对其形成单位和对社会的作用具有双重性和过渡性。档案对于形成单位的作用被称为"第一价值"，对于社会的作用被称为"第二价值"。在实践中，出于多种原因，档案的"第一价值"和"第二价值"往往不是在同一时间和空间范围内实现，而是由实现"第一价值"过渡到实现"第二价值"。

（1）档案"第一价值"的实现。在档案形成以后的相当长的时期内，本单位需要较为频繁地查阅和利用档案，为解决工作问题服务。这时档案发挥作用的主要场所是单位的档案室。档案对形成单位的作用，是促使形成单位积累档案的动力。档案对其形成单位的作用发挥得越充分，形成单位积累档案的积极性就越高。

（2）档案"第二价值"的实现。档案的"第一价值"实现到一定阶段，单位对于形成时间较长档案的现实利用需求逐渐减少，利用率降低至消失。这时，档案应该从"第一价值"向"第二价值"过渡，发挥其社会作用。档案在实现"第二价值"的时候，它的保管地点需要从形成单位的档案部门向国家设立的各级各类档案馆转移。

2.档案作用方向的多元化趋势分析

文件转化为档案以后，不仅从主要发挥现行效用转变为主要发挥历史查考作用，而且发挥作用的方向也会发生一些变化。原始文件的形成往往是出于行政或业务的单一目的或用途，比如：一个单位的员工名册是出于员工管理的需要形成的；一套修筑铁路工程的设计图纸是出于工程的需要形成的。但当它们成为档案后，发挥作用的方向则可能超越其形成的工作目的或用途，扩展到其他的领域。比如员工名册、账册、房地产契据可以作为研究社会或经济问题的资料；修筑铁路的技术图纸可以作为边界谈判时维护国家领土完整的证据。领导讲话等文件可以成为宣传教育的素材等。

了解档案作用从形成单位向社会扩展的规律、作用方向的多元化趋势，有助于我们在对文件进行鉴定时全面地预估档案的价值，准确地为本单位和国家挑选和留存档案。

3.档案的机密程度逐渐弱化

众所周知，一些现行文件具有机密性。当文件转化为档案之后，为了维护国家、单位及个人的政治、经济利益，对具有机密性的档案仍需采取保密措施加以管理。所谓保密就是指档案准许利用的范围和利用程度，在这方面我们应该按照国家的有关规定执行。

同时，我们又应该看到，随着时间的推移和条件的变化，档案的机密性也会发生变化。一般来说，档案机密性的逐渐弱化是一个总的趋势，表现为档案机密性的强弱与档案保管时间的长短成反比。档案管理者应该善于利用档案机密程度递减规律，依法逐渐扩大档案的开放范围，广泛实现档案的价值。

4.档案作用的发挥取决于相关条件

（1）社会环境。社会环境包括社会制度、国家的法制情况和方针政策、社会的经济发展水平等，它们对于信息公开的程度、档案作用发挥的程度、方向等都有直接的影响。良好的社会环境能够使档案的作用得到充分的发挥。

（2）人们的档案意识。档案意识是指人们对档案的认知水平。人们若具有较强的档案意识，就会引发利用档案的需求，从而使档案作用得以发挥；档案意识淡薄甚至没有档案意识，即使有利用档案的需求，也难以转换为利用档案的现实行为。

（3）档案的管理水平。档案要依靠管理工作才能发挥作用。档案管理体系健全，方法科学，管理手段现代化程度高，工作质量优良，就能够使利用者方便、快捷、准确地获得所需要的档案或档案信息，从而使档案作用得以发挥。因此，提高档案管理水平，实现档案管理的现代化，提供优质高效的档案利用服务，是促进档案作用充分发挥的重要条件。

三、档案管理工作的内容、性质及原则

我国自殷商时期就有了对档案的保管工作，在之后几千年的岁月里，档案工作经过奴隶制时期的以官吏为主体的管理阶段，封建制时期的档案库房管理阶段，"中华民国"时期的档案室管理阶段，进入到中华人民共和国成立以后的以现代档案馆和档案室工作为核心的档案事业阶段。近年来，档案资源体系建设、档案利用体系建设和档案安全体系建设已经成为我国档案事业发展的战略目标，更是各单位档案发展工作方向的指针。

（一）档案管理工作的主要内容

档案工作就是用科学的原则和方法管理档案，为党和国家各项工作服务的工作。它的工作内容从广义上说，是指档案事业所包括的档案馆工作、档案室工作、档案事业管理工作、档案教育、档案科学研究、档案的宣传及出版等工作。从狭义上说，是指档案业务工作所包括的档案的收集、整理、鉴定、保管、统计、检索、编研和提供利用等八个环节。由于我国的档案管理工作分布在档案室和档案馆两层机构中，所以这两层机构的工作内容既有相互衔接的部分，也有一

些需要反复操作的部分。

（1）档案收集工作。这是档案室（馆）依法接收单位的归档文件、现行机关档案，撤销机关档案，以及征集历史档案的活动。其目的是积累丰富馆藏档案资源。

（2）档案整理工作。档案室（馆）根据档案的形成规律，对其进行分类、立卷、编制目录的过程。其目的是建立有序化的档案实体保管系统，便于档案的日常维护、调阅和归卷。

（3）档案鉴定工作。档案鉴定工作分为归档鉴定和复审鉴定，是档案室（馆）判定档案存毁和划定保管期限的活动。其目的是优化馆藏，提高档案管理和利用的效率。

（4）档案保管工作。这项工作的主要内容是对库房内的档案进行有序管理，控制危害档案物质载体和书写材料的各种因素。其目的是延长档案的寿命，维护档案的安全。

（5）档案检索工作。档案室（馆）编制档案检索工具，建立手工和计算机档案检索体系的活动。其目的是方便利用者查阅档案。

（6）档案编研工作。是指档案室（馆）根据单位或社会的需要，利用馆藏档案编辑档案文献汇编、档案参考资料、历史研究作品等出版物的活动。它具有信息开发工作的性质。

（7）档案提供利用工作。是指档案室（馆）通过阅览、借阅、复制、展览、网站等途径将档案原件、复制件、档案信息直接提供给利用者的活动。它直接体现了档案工作的服务功能。

（8）档案统计工作。这项工作包括档案室（馆）内部的登记和统计工作以及按时填报国家统计文件的工作。其目的是及时掌握档案管理工作的状况，不断调整和完善档案工作。其中，档案收集、整理、鉴定、保管、检索、编研属于档案资源体系建设的范畴，档案提供利用属于档案利用体系建设的范畴，档案安全体系建设贯穿于档案管理工作的全过程，而档案统计工作则是对整个档案工作的状态进行记录和反馈的环节。

（二）档案管理工作的基本性质

档案管理实际上是一种为单位和社会提供档案信息保障的工作。从工作性质来看，它具有服务性和机要性。服务性主要表现为：档案室（馆）的工作目标就是积极主动地为本单位和社会的各项工作提供优质的档案实体管理和档案信息服务；同时，也只有通过提供优质的服务才能促进档案管理工作的开展。档案管理的机要性在于：档案中总会有一些涉及国家或单位政治、经济、技术、人事等机密的内容，那么档案管理工作就必然承担着保护档案机密安全的责任。

档案管理工作的性质要求我们：一是要熟练地掌握档案管理的业务内容、技能和规范；二是严格遵守职业道德，学会运用档案管理工作的原则，灵活地处理各种具体问题，充分发挥档案管理在各项工作中的信息保障作用。

（三）档案管理工作的基本原则

我国档案工作基本原则包括下述三个方面的内容：

1. 统一领导，分级管理

"统一领导，分级管理"是我国档案工作的组织原则和管理体制。"统一领导"是指全国的档案工作在法规、政策、组织、领导、规划、标准等方面的统一性。"分级管理"是指国家档案工作具体的管理层次和管理方式。

（1）国家全部档案由各级各类档案部门分别集中，并实行党政档案的统一管理。各单位的档案必须按照国家的法律和规定，由本单位的档案机构集中管理；同时，在一个单位中，共产党、行政、业务、工会、共青团等组织的档案都应由单位的档案机构集中保管，不得由个人分散保存或据为己有。各单位对国家和社会具有保存价值的需要长远保存的档案，均由各级各类档案馆集中保管；未经过规定和批准的手续，一切档案均不准被转移、分散和销毁。

（2）全国档案工作在各级人民政府的领导下，由各级档案行政管理机关统一地、分层分专业地进行指导监督和检查。在这里，"分层"是指档案行政管理机关按照行政区域和政府的管理层次，对各省（自治区、直辖市）、地区（市、自治州）、县直至最基层单位的档案工作逐级实施管理；"分专业"是指按专业的划分，如铁路、航空、教育、卫生等，由各个系统内部的档案行政管理部门对本系统的档案工作实施管理。

2. 维护档案完整与安全

维护档案完整与安全是档案工作的基本要求。维护档案的完整包括两个方面的含义：一方面，在数量上要求各单位归档的文件和移交给档案馆的档案要保持其实体成分的齐全；另一方面，在质量上要求对档案采用科学的方法进行整理，把它组织成为有序的体系。

维护档案的安全也包括两个方面的含义：一方面要求维护档案物质实体的安全，避免档案载体和书写材料遭受损害，尽量延长档案的寿命；另一方面要求保证档案的政治安全，即避免人为篡改、破坏档案和档案机密被泄露等事故的发生。

3.便于社会各方面的利用

便于社会各方面的利用是档案工作服务性的集中体现和档案工作的最终目的。认识这一点有利于我们明确服务方向，以是否便于利用作为检验档案管理质量的标准，把各项工作落实在为单位和社会提供优质服务上。

四、档案的管理机构

（一）档案室

档案室是机关、团体、企业、事业单位中负责管理本单位档案的机构，是国家档案事业系统的基层组织。它是一个单位档案信息存储、加工和传输的服务部门，与本单位的领导和各组织机构发生联系，为领导决策、处理工作、组织生产、进行科研等活动提供依据和参考材料。档案室是集中统一管理本单位档案的部门，是单位内部具有信息服务与咨询性质的机构，一般情况下不对外开放。目前一般的大、中型单位内部都设有档案室；而在那些规模小、人员少、内部机构少或无内部机构的单位，则可以指定专职或兼职的人员负责档案管理工作。

1.档案室的职能分析

根据国家档案局制定的《机关档案工作条例》和《机关档案工作业务建设规范》的规定，档案室的职能主要有以下几个方面：一是对本单位文书部门或业务部门文件材料的归档工作进行指导和监督；二是负责管理本单位的全部档案，积极提供利用，为单位各项工作服务；三是按规定向档案馆移交应进馆的档案；四是办理领导交办的其他有关的档案业务工作。

2.档案室的主要类型

单位的性质、职能不同，其形成的档案的门类也有一定的差异，由此，档案室有如下类型：

（1）文书档案室：文书档案室也称为机关档案室，主要负责保管本单位党、政、工、团等组织的档案，中型以上的单位均设有这类档案室。

（2）科技档案室：科技档案室是负责保管科研、设计、生产过程中形成的科技文件材料的档案机构，一般设在科研院所、设计院所、工矿企业等单位。

（3）音像档案室：音像档案室主要负责保管影片、照片、录音带和录像带等特殊载体和记录方式的档案，新闻、广播、电视、电影、摄影部门中设有这类档案室。

（4）人事档案室：人事档案室是集中保管单位员工档案的机构，一些大型单位在人事部门中设有这类档案室。

（5）综合档案室：综合档案室是集中统一保管本单位各门类档案的机构。近年来，各单位新型门类档案的数量不断增加，使档案室收藏的档案向多门类发展，许多保存单一档案门类的档案室逐渐发展成为综合档案室。

（6）联合档案室（档案管理中心）：联合档案室（档案管理中心）是一些性质相同或相近、规模较小的单位共同设立的档案管理机构，其主要职责是集中统一保管各共建单位形成的档案。联合档案室是一种精简的、集约化的档案管理模式，比较适于规模较小的单位。

3.档案室的体制分析

（1）文书档案室、综合档案室通常设在单位办公厅（室）的下面，由办公厅（室）主任负责；联合档案室可以由共建单位协商，责成其中的某一个单位负责管理。

（2）科技档案室及其他专门档案室设在相关的业务部门下面，由业务负责人管理。比如：在一些公司，科技档案室设在技术部门下面，由总工程师负责。而人事档案室一般由人事部门的领导负责。

（二）档案馆

档案馆是党和国家设置的科学文化事业机构，是永久保管档案的基地和对外提供档案服务的单位，因此，它成为社会各方面利用档案的中心。目前，我们国家各类档案馆的档案主要来源于单位的档案室，这样，档案室和档案馆之间就构成了交接档案的业务关系。由此，单位档案管理的质量将直接影响到档案的工作质量和效率。

1. 档案馆的职能分析

根据国家档案局制定的《档案馆工作通则》，档案馆的基本任务是：在维护党和国家历史真实面貌的前提下，集中统一地管理党和国家的档案及有关资料，维护档案的完整与安全，积极提供利用，为社会主义现代化建设服务。其具体职能如下：①接收与征集档案；②科学地管理档案；③开展档案的利用工作；④编辑出版档案史料；⑤参与编修史、志的工作。

2. 档案馆的设置及类型

（1）综合性档案馆。综合性档案馆是国家按照历史时期或行政区划设立的，保管多种门类档案的档案馆。综合性档案馆是对社会开放的档案文化设施，因此又可称为"公共档案馆"。我们国家的综合性档案馆分为中央级档案馆和地方级档案馆两种类型。中央级档案馆包括中央档案馆（设在北京）、中国第一历史档案馆（设在北京）、中国第二历史档案馆（设在南京），它们保管着具有全国意义的各个时期的历史档案和现行单位的档案。地方级档案馆分为省（自治区、直辖市）级档案馆、地区（市、自治州）级档案馆和县级档案馆，它们负责保管具有本地区意义的历史档案和现行单位的档案。

（2）专门档案馆。专门档案馆是收集和管理某一专门领域或某种特殊载体形态档案的档案馆，分为中央级和地方级两个层次。例如：中国照片档案馆，大、中城市设置的城市建设档案馆等。

（3）部门档案馆。部门档案馆是中央和地方某些专业主管部门所属的，收集管理本部门档案的事业机构。例如：外交部档案馆、北京市科学技术委员会档案馆等。

（4）企事业单位档案馆。企事业单位档案馆是一些大型企业集团或事业单位在内部设立的档案馆，主要负责集中保管集团或联合体所属各单位需要长远保存的档案。例如：北京的首都钢铁公司档案馆、南京的扬子石化公司档案馆、上海交通大学档案馆等。企事业单位档案馆都是综合性档案馆，既收藏文书档案，也收藏科技档案和专门档案等，其兼有对内服务和对社会开放的双重性质。

此外，随着我国经济和社会的发展，以及社会各界收藏、保管、利用档案需求的增加，近几年来，我国除了国家的档案馆之外，还产生了一些新型的档案机构，例如"文件中心""档案寄存中心""档案事务所"等。其中，文件中心是为一个地区或系统中若干单位提供归档后档案保管服务的部门，它是介于文件形成部门和地方档案馆之间的过渡性的档案管理机构。档案寄存是由国家档案馆设立的,为各类单位及个人提供档案寄存有偿服务的机构。档案事务所则是为单位或个人提供档案整理、管理咨询等服务的一种商业性机构。另外,据报道,在我国的辽宁省和广东省还出现了私人开设的档案馆,收藏和展出一些有关个人的日记、文章、著作、证件、证章、珍贵的历史文献和照片等。

(三)档案局(处、科)

档案局(处、科)的性质是国家指导和管理档案工作的行政机关,也称为档案事业管理机关或档案行政管理机关。它的主要任务是:制定档案管理的规章、办法、业务标准和规范;制订档案工作的发展规划;对档案室和档案馆的工作进行业务指导、监督和检查;组织档案工作人员的业务培训和档案科学研究,以及对外宣传工作和国际交流活动等。

目前,我国的档案局是按行政区划分级设置的,分为国家档案局和地方档案局。地方档案局又分为省(自治区、直辖市)级档案局、地区(市、自治州)级档案局和县级档案局,负责指导和管理本地区的档案事务。

档案处(科)是设置在专业主管机关中的档案行政管理部门,负责指导、监督和检查本专业系统内各单位的档案事务。

第二节　图书馆档案管理的作用及意义

档案作为人类文明发展到一定阶段的产物,是连接过去、现在以及未来的重要纽带,而图书馆作为社会教育工作的主要载体,肩负着满足人民群众精神文化需求的社会职能。

现如今社会经济发展迅速,近些年来图书馆事业也呈现蓬勃发展之势,"档案管理工作作为图书馆工作的重要组成部分,对于图书馆事业的可持续发展具有重要意义。"[①]具体表现在以下方面（图3-1）：

```
┌─────────────────────────────────────────┐
│    提升图书馆领导决策的准确性            │
└─────────────────────────────────────────┘

┌─────────────────────────────────────────┐
│    推进图书馆业务统计工作                │
└─────────────────────────────────────────┘

┌─────────────────────────────────────────┐
│    拓展图书馆服务工作的渠道              │
└─────────────────────────────────────────┘
```

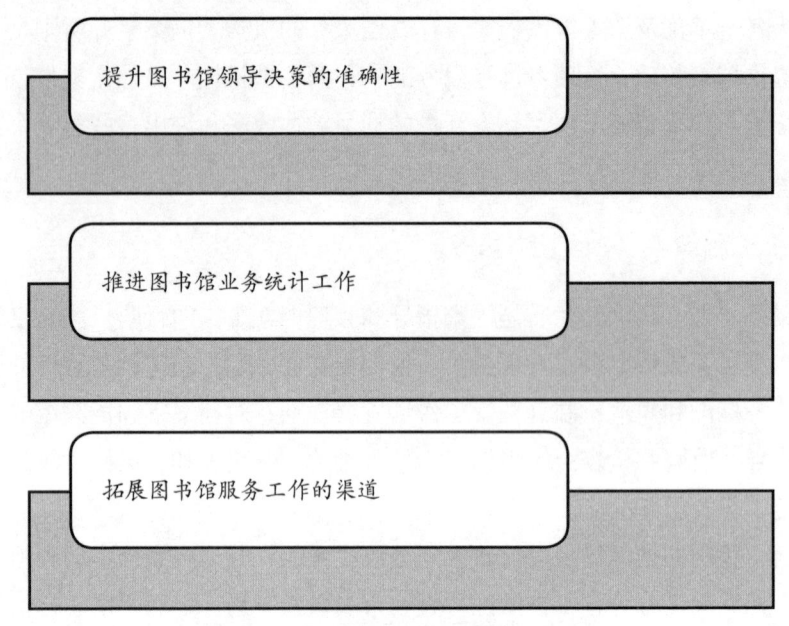

图3-1　图书馆档案管理的作用及意义

第一，档案管理有利于提升图书馆领导决策的准确性。

业务工作和管理行政作为图书馆管理工作的有机组成部分，能够为图书馆领导制定相关计划提供参考依据，而科学且规范的档案管理更能最大限度地提升图书馆领导决策的准确性。尤其，在人事管理方面其作用尤为突出，通常图书馆领导在进行岗位安排时，可以充分参照图书馆人事档案里面相关人员的档案资料，综合考虑其学历、特长、所学专业、工作经历以及年限等因素进行综合衡量，真正做到"人尽其才"，使每个人都能在相应的工作岗位上充分发挥自己的聪明才智，从而推动图书馆的健康运行。

第二，档案管理有利于推进图书馆业务统计工作。

图书馆业务统计工作看似简单，实则不然，它需要运用科学的方法进行数字计算，并分析比较以往的工作记录，从而真正做到查漏补缺，进行妥善解决。例如：分析比较读者办证数据能够得出读者组成及阅读偏好；分析比较开展活动的类型及参与的人次数能够得出读者喜欢的活动类型等，而图书馆档案对于各项数

---

① 彭梅.图书馆档案管理与图书馆事业的发展[J].兰台内外，2021（7）：16-18.

据的记录具有连续性，从而能够在图书馆业务统计工作的开展过程中提供以往的数据信息，促使相关工作人员能及时提炼新思路、新观点，进而明确工作方向和侧重点，推进动图书馆业务统计工作的顺利进行。

第三，档案管理有利于拓展图书馆服务工作的渠道。

图书馆档案作为图书馆管理工作的原始凭证，其中业务档案如实地记录着图书馆在服务读者的过程中所采取的各种思路、方法以及措施，而照片以及影视档案则能重现活动现场的状况，充分见证着图书馆服务工作的开展情况。现如今，随着人民群众对生活质量要求的提高，迫切要求图书馆的服务理念、服务时间、服务环境以及服务方式等均应做出相应的调整，而档案管理工作不仅能为图书馆制定未来的工作计划、提升服务水平提供依据，而且对推动先进技术在图书馆特色服务中的运用具有考查作用。

第三节　图书馆档案管理工作的现实状况

"图书馆档案与馆藏文献一样也是一种宝贵的信息资源，尤其是其中的业务档案，对今后的工作有着重要的借鉴意义。"[1]但是，在实际工作中也面临以下问题：

问题一：传统档案管理的滞后性。

根据档案管理的理念、制度、服务策略、资源和内容的管理方式等可以将档案管理分为传统档案管理和新型档案管理两种模式。随着信息时代的到来，传统档案管理已经不能适应现代化的发展需求，对档案管理工作带来了诸多不便，尤其是传统档案管理中不重视考察、反馈与档案用户参与的档案服务制度，单一、封闭的档案信息资源，这些都成为档案管理发展的弊端，因此要改变传统管理模式，构建现代化的新型服务模式，推动档案管理工作的信息化、科学化、高效化、社会化发展。

---

[1] 龙珍付，谭晓霞.图书馆档案管理探讨[J].合作经济与科技，2016（14）：90-91.

问题二：新技术新理念对档案管理工作的冲击。

随着信息技术的快速发展，尤其是网络信息时代的到来，传统档案服务模式已经难以适应现代化发展的需求，新技术新理念对传统档案服务模式产生了巨大的冲击，使传统档案服务模式不得不让位于新技术模式。传统档案管理模式中主要以"馆员中心"服务模式和"馆藏中心"服务模式为主，这两种模式都是以人员为主进行档案工作的收集管理，但是随着信息时代的到来，尤其是大数据时代的迅速发展，传统模式的管理理念已经难以适应信息时代的发展需求，而以"用户中心"为主的新型档案管理理念正成为图书馆档案管理发展的趋势。以"用户中心"为主的档案管理理念是指档案信息服务工作一切以档案用户为中心，并以满足用户信息需求与解决问题为最终目标的信息服务模式。

问题三：当前档案管理工作中存在的不足与缺陷。

随着信息技术的快速发展，传统的档案管理理念以及管理方式都难以适应现代化的发展需求。在当前档案管理工作中，传统档案管理理念已经制约了现代化档案信息管理模式的发展，档案管理制度也有待进一步提高；在新的信息技术影响下，档案管理人员的综合素质也有待提高，这样才能适应现代化档案管理的发展需求，尤其是现代化信息系统的运用，更需要高素质的档案管理团队，而这些都是目前档案管理工作发展的制约因素。

第四节 图书馆档案管理工作的提升途径

图书馆档案作为记载图书馆服务工作、图书采购、人员变动以及读者活动等内容的原始凭证和历史文件，对图书馆的建设和发展具有重要作用。因此，这就要求相关工作人员在实际工作中能够充分认识到图书馆档案管理的重要意义，从而适时地进行工作总结，逐步健全图书馆档案管理制度、优化图书馆档案管理模式，并推进图书馆档案管理特色化建设，提升图书馆档案管理工作的前瞻性和借鉴性，最终推动我国图书馆事业实现稳健、长远、可持续发展。

一、健全图书馆档案管理制度

健全图书馆档案管理制度是加强图书馆档案管理工作的基础，这就要求相关工作人员无论是在档案建立、保密及借阅方面，还是档案内容的完整、准确方面，均应当有系统的管理制度做支撑，从而使图书馆档案管理工作真正做到有章可循。通常来说，在档案的建立过程中可以采用"公文制"，保证档案用纸质量、大小、规格等均符合国家相关的要求，注意检查档案内容是否准确无误，如：标题是不是准确、有没有日期等细节性问题，并保证档案内容字迹清晰牢固，从而在方便日后使用的基础上，使图书馆档案管理工作实现规范化、标准化发展。

二、优化图书馆档案管理模式

优化图书馆档案管理模式是保证图书馆档案管理工作有序开展的重要条件之一。根据实际工作情况来看，在图书馆档案管理工作中可以实行馆长对馆员进行直接领导、由办公室人员具体负责档案整理等内部事务，由业务部门负责处理外部事务，并将档案管理工作与各部门的年度考核直接挂钩。例如：书籍的收集整理及档案的典藏由特藏部负责，书籍编目、采访及加工整理由采编部负责，业务协调和综合管理由馆长办公室相关人员负责等。这种图书馆档案管理模式能够将档案管理工作充分融入图书馆管理工作中去，从而提高各部门的人员利用率，促使他们重视档案管理及利用工作，与此同时提升档案管理工作人员的积极性，增强图书馆档案管理工作的有效性。

三、推进图书馆档案管理特色化建设

创新作为一个民族进步的灵魂，是一个国家兴旺发达的不竭动力，尤其在网络信息高速发展的今天，创新显得格外重要。而对图书馆档案管理工作而言，创新更是其发展的必由之路，这就要求相关工作人员应当不断推进图书馆档案管理特色化建设，具体来说可以从如下两个方面做起：

第一，图书馆档案管理工作应当根据读者需求的变化，充分利用现代化技术和网络信息资源，提升图书馆的服务水准，使图书馆档案管理工作实现电子化、数字化、虚拟化发展，真正做到与时俱进。

第二，图书馆档案管理人员应当不断提升自己的专业技能和服务意识，通过自学、参加培训等方式系统地学习档案管理专业理论知识及现代化档案管理操作技术，做到用知识武装头脑，并运用到工作实践中去，为图书馆档案管理特色化建设奉献自己的力量。

总之，在信息技术的发展下，档案管理工作面临着严峻的挑战，如何让档案管理工作更好地适应时代的发展需求成了档案管理工作者研究的重要课题。当然，在挑战面前，档案管理工作也有着更多的发展机遇，这就需要档案管理者不断转变管理理念，优化档案信息系统，提高档案管理人员综合素质，只有这样才能不断提高图书馆档案管理工作的科学化、标准化、信息化，才能推动现代化图书馆档案管理工作的不断发展。

第四章
图书馆档案管理的信息化建设研究

新形势下,如何更好地构建图书馆档案管理信息系统,提升图书馆档案信息管理能力,是图书馆建设与时俱进的具体体现。图书馆管理人员要不断创新档案工作形势,积极主动地探究图书馆档案管理信息化平台建设的新方法和新措施,才能全面提升图书馆档案管理工作水平,加快图书馆现代化建设的步伐。本章在论述档案信息化建设理论的基础上,分析图书馆档案管理信息化建设的必要性,提出图书馆档案管理信息化建设的完善对策。

第一节 档案信息化建设的理论透视

档案信息化不是简单地用计算机替代传统的手工作业,也不是将传统的管理方式复制到信息化平台上去。其本质上是档案工作和信息技术的结合,其成功与否也取决于这两者的融合,这种融合从概念到实践都是一场深刻的革命,赋予两者崭新的内涵。

一、档案信息化的内涵及意义

（一）档案信息化的内涵阐释

科学的定义是档案信息化实践的理论基础,有利于全面理解档案信息化的目标和任务，有利于按照信息化的客观规律推进档案事业的科学发展。什么是档案信息化？学界有多种定义，不同的视角会有不同的理解。本书采用2013年12月出版的《大辞海》中的定义："档案信息化是指在国家档案行政管理部门的统筹规划和组织下，以档案信息资源建设为核心，以信息人才为依托，以法规、制度、标准为保障，全面应用现代信息技术，不断改革传统的档案管理模式，有效提高档案信息资源收集、管理和提供利用服务水平，加速档案管理现代化的过程"。该定义总结了我国档案信息化的基本经验和基本规律，其内涵如下：

第一，必须由档案行政管理部门统筹规划和组织实施。档案信息化不是单纯的计算机应用，也不是具体的档案业务，而是事关全局和影响深远的复杂的系统工程。需要人才、设备、资金等方面的支持，需要全面、持续、稳步地推进，并需要经历较长的完善过程。因此，档案信息化不能各自为政、分头建设，而必须由各级国家档案行政管理部门建立统一的规划、制度、规范、标准，实行宏观管理和监督指导。同时，需要精心组织实施，在技术平台、网络体系、组织机构、人才队伍、资源建设、基础业务、建设经费等方面提供保障，才能确保这项事业持续有效地开展。

第二，必须以档案信息资源建设为核心。从某种意义上说，档案信息化的核心目标是使档案信息"资源化"，即将档案信息转换为真正意义上的档案信息资源。资源化不是简单地将档案信息做数字化处理，也不是简单地将其放到网络上传输，而是应用信息技术，使档案信息媒体多元化、内容有序化、配置集成化、质量最优化、价值最大化，通过档案信息系统的加工处理，确保各种社会信息的真实、完整、有效，便于跨越时空广泛地共享利用，在实现档案信息增值的同时，承担起传承人类记忆的历史使命。

第三，必须建立高素质的档案信息人才队伍。档案信息化是档案专业、信息专业和计算机专业的结合，属于技术密集和知识密集型专业。传统的档案干部队伍结构和人员知识结构已经不能完全适应档案信息化的需要。目前，档案部门缺乏档案专业和信息技术专业的复合型跨界人才，特别是中、高级信息技术专业人才，这已经成为制约档案信息化深入发展的瓶颈。因此，一方面，要引进和培养相关人才，另一方面，要通过建立有效的激励机制，鼓励档案人员学习信息技术知识，提升档案信息化水平。

第四，必须在法规、制度、标准方面建立相应的保障体系。信息技术的应用必然向传统的保障体系提出全面的挑战。只有根据信息技术的特点和应用要求，不断制定和完善档案管理的法规、制度、标准、规范，才能确保档案信息系统的科学建设和有效运行。

第五，必须全面应用现代信息技术。信息技术具有强大的潜能，只有全面、成功地应用才能真正转化为生产力。所谓全面应用，有三层意思：一是与档案工作有关的各个工作部门和人员都要参与应用，而不是仅靠档案业务人员应用；二是应用于档案全过程管理的各项业务，而不是只应用于单项业务；三是引进、消化、吸收各种先进、适用的信息技术，并不断跟踪和应用新兴的信息技术，使信息技术真正成为档案事业发展的不竭动力。

第六，必须改革传统的档案管理模式。传统的档案管理模式建立在手工管理基础上，必然会出现与信息技术应用不相适应或不相匹配的问题。应当不断改革传统的档案管理模式，适应信息技术环境下的新型档案管理模式，而不能消极地让新技术适应传统的档案管理模式，这样才能最大限度地发挥信息技术应用的效能。

第七，须树立强烈的效益意识。档案信息化不是作秀表演，不能徒有虚名，而要遵循经济规律，力争取得务实的效果。当然，档案信息化很难估量直接的经济效益。但是，在产出效果方面，要努力追求社会效益、长远效益。要树立大目标，不能满足于一般的省人、省事、省力，而要致力于解决传统档案管理中遇到的收集难、著录难、整理难、保管难、内容检索难、多媒体编研难，以及电子文件的保真、保密、保用等老大难问题，力争提升档案科学化、规范化的管理水平和服务水平，在促进社会改革开放、经济发展、文化繁荣以及法治化、民主化进程中建功立业。

档案信息化的概念是在档案工作与信息技术相结合，档案管理理论研究和实践推进相结合的过程中逐步形成的。档案界曾经有过许多与档案信息化类似或相关的概念，都强调了某些侧面，如"档案管理自动化"，它强调包括微机、微电子、缩微、复印、传真等自动化技术在档案管理中的应用；"计算机辅助档案管理"，它强调应用计算机人机交互、对话的方式，辅助档案管理的各项业务工作；"档案现代化管理"，除了强调档案管理应用计算机技术，实现管理手段的现代化以外，还强调档案管理理念、体制、方法的现代化；"文档一体化管理"，强调运用文件生命周期的理论，从公文和档案管理工作的全局出发，应用计算机技术实现档案的全过程管理和前端控制，提高文档管理的效率和质量。这些与档案信息化相关的概念形成，都是计算机技术及其在档案工作中应用状态、发展水平的标志，既反映了档案信息化理论研究和实践探索的阶段性成果，也反映了我国档案信息文化发展的轨迹。

（二）档案信息化建设的意义

"档案信息化建设是一项浩大的系统工程，涉及的内容很多，而且会随着时代的发展而不断丰富和变化。"[①]档案信息化建设无论对于档案事业自身发展，还是社会信息化发展都具有十分重要的现实意义和深远的历史意义。

1.社会信息化建设的客观要求

如今，信息化已经成为衡量一个国家、地区、企业或专业综合实力的重要标志，各行各业都在贯彻实施信息化战略。档案事业发展也必须主动适应时代潮流，搭上信息化快车，加快现代化步伐。

社会信息化包括政府、企业、家庭、社会保障体系信息化四大领域。这四个信息化都离不开档案信息化，因为这些领域的信息化已经或正在形成浩瀚的电子文件，这些新型文件打破了纸质媒体一统天下的局面，使信息的存储媒体、传播媒体、表现媒体呈现多元化发展态势。新媒体与传统媒体相融合，深入社会生活的各个领域，深刻地改变着人类的生存环境和生活方式，并留下精彩纷呈的数字记忆。这些记忆是社会的宝贵财富，迫切需要实行档案化管理，即采用信息技术手段进行收集、整合、保管和共享利用，以提高其整合度，延长其价值链，保障社会的全面、协调、可持续发展。因此，档案信息化是时代和社会信息化发展的客观需要。

2.档案工作现代化的必由之路

档案工作现代化是指用科学的思想、组织、方法和手段，对档案工作进行有效管理，使之获得最佳的工作效率、经济效益和社会效益的过程。信息化与档案工作的结合，不仅能减轻手工劳动，提高工作效率，而且能全面优化档案工作的各个要素，全面提升档案管理水平。

（1）"化"观念。信息化是一个充满生机和活力的领域，也是公开、公平

---

① 王丽娟.谈档案信息化建设[J].黑龙江科技信息，2011（27）：68-68.

的人类活动平台。信息技术的应用，可以使档案工作者不断破除封闭、狭隘、守旧、畏难的落后观念，激发起开拓、开放、效益、效率、服务等先进意识，弘扬追求理想、崇尚科技、奋力改革、务实创新、图存图强、团队作业的精神风貌，营造尊重知识、尊重人才、鼓励创新的社会氛围，为档案事业的持续发展赋予强大的正能量。

（2）"化"资源。档案信息资源是管档之基，用档之源。按照档案信息化的要求，需要将电子档案收起来，将存量纸质档案数字化做起来，将档案信息资源总库建起来。做好这些工作，就能逐步解决目前馆藏档案中存在的载体单一、门类不全、存储无序、利用不便等难题，显著增强档案资源的丰裕度、适用度、有序度、集成度、可靠度，使档案管理从实体管理转变为内容信息管理，再转变为知识管理，更好地满足社会大众不断增长的档案信息利用需求。

（3）"化"管理。信息技术的应用，会暴露出传统管理模式的弊端，向传统管理模式提出挑战，从而促使档案管理部门加快建立与信息技术应用相适应的档案管理原则、体制、机制、规范和考核体系，加强档案收管用等各项基础工作，以保障档案信息化的顺利实施和建设成效。信息化管理水平越高，对改革传统管理观念和模式的要求也越高。因此，档案信息化的推进必将全面、持续地提升档案管理的现代化水平。

（4）"化"技术。先进和适用的技术永远是档案信息化发展的强大动力。然而，先进和适用有时会产生矛盾，只有进行档案信息化实践，才能使技术的先进性和适用性取得统一，产生效益；才能持续激励档案工作者关注、引进、吸收新兴的信息技术。事实证明，档案信息化一方面能促使先进的信息技术与档案管理有机结合，对档案和档案工作产生带动和增值作用；另一方面也会使信息技术在档案需求的导向下日臻完善，促进信息产业的发展。

（5）"化"队伍。信息化是技术密集型、知识密集型的事业，档案信息化对高素质人才具有依赖性。一方面促使我们去选拔和培养人才，更新档案人才队伍的专业结构和知识结构，并合理地组织和使用人才，最大限度地调动人才的积极性；另一方面档案信息化的理论研究和实践锻炼，又为人才的培养和能力的发挥提供了机会和舞台，使越来越多热衷于、尽心于、擅长于信息技术的档案人才脱颖而出，创新创业。

3.提高档案服务水平的必然选择

在传统的管理方式中，档案人员借助简单工具，通过手工方式对档案实体进行收、管、用。其局限性在于：只能通过档案实体（如文件、案卷、卷盒）的整理、存放、调用和传递，管理和利用档案的内容；用户利用档案，只能实时（上班时间）、实地（在阅览室）调用档案实体（案卷）进行查阅；档案信息难以脱离档案实体，灵活、高效地跨越时空，广泛共享。信息化时代的档案利用可以突破原有档案利用的局限，提高档案信息资源利用效率。

（1）直接查阅内容。电子档案信息内容和实体的可分离性，使我们可直接对档案信息内容进行灵活地分类、排序和组合，利用计算机检索途径多、能力强的优势，快速查找；同时，还能实现对档案信息内容的全文检索。

（2）提供多媒体信息。可以采用多媒体技术，提供声情图文并茂的多媒体档案信息，真正做到让记忆说话，让记忆显影，生动逼真地还原历史。

（3）跨越时空障碍。档案信息化系统可以借助互联网，将任何档案信息，在任何时间，传递到任何地点的任何人手中，彻底打破了档案信息传递的时空障碍，实现"全天候"服务。

（4）实现联动服务。通过网络将档案服务的主体，包括档案馆、档案室、社区事务受理服务中心的档案资源连成整体，通过数据集成的手段，在馆室联动、馆社联动、馆际联动的基础上，实现档案信息的"一站式""一口式"或"一门式"服务，联动服务在民生档案服务中特别有效。

（5）服务的多样性。信息技术，特别是网络技术的应用，极大地拓宽了服务主体、服务对象、服务手段、服务形式和服务媒体，如网站查询服务、电话咨询服务、微博微信服务、个性化推送服务、主题展览服务等，使服务真正做到以用户为中心，以需求为导向，进一步改善档案部门的服务形象。

二、档案信息化的战略和任务

档案信息化不是一般意义上的档案工作，而是档案事业发展的战略性举措，即关于档案事业发展的全局性、长远性谋划。战略思维是大智慧，战略谋划是大手笔，只有战略正确、任务明确，才能保障档案信息化既好又快地发展。

（一）档案信息化的发展战略

档案信息化的战略实施，即发展策略主要有以下几个方面：

1.加快制定国家档案信息化发展专项规划

档案信息化建设作为国家档案事业发展的有机组成部分，在国家档案"三个体系"建设中举足轻重，其发展水平直接制约着"三个体系"建设效果。在科学制定国家档案事业发展规划的基础上，须同步配套制定《国家档案信息化发展规划》和《国家档案信息化中长期发展计划》作为专项规划，其目的是总结过去的经验教训，解决现有档案信息化建设中存在的短视行为、重复建设、无序状况，确保档案信息化建设协调有序地向广度和深度推进。国家档案信息化发展专项规划要研究档案信息化建设的战略定位和目标，明确实施阶段、落实任务完成的配套保障措施，做好与档案事业发展规划和国家信息化建设规划的相互衔接，把档案信息化建设的重大战略、重点项目、改革试点和政策要求纳入国家和各行业、各层面规划，并把解决档案信息化建设中突出矛盾的措施落实到具体的项目上，分清责任。

2.加快建设档案信息化法规与标准体系

档案信息化工作要强化顶层设计的理念，加强立法、完善标准规范体系，使档案信息化工作有法可依，有章可循。档案工作肩负保存社会记忆的历史使命，在电子文件成为社会各项活动记忆的今天，需要从法律层面明确档案信息化的地位、作用与要求，明确电子文件（档案）的定义、属性、法律证据效力、体制机制、工作原则、管理内容和要求、机构及职责、权利和义务、归属和流向，解决电子文件（档案）的凭证作用不明确、电子文件的归档要求不统一、电子文件（档案）的利用及管理中存在各种风险等难点问题。与档案信息化"入法"相配套的是建立和完善档案信息化标准规范体系，包括基础标准、管理标准、业务标准、技术规范和专项标准等，使档案信息化成为技术标准清楚、质量要求准确、可操作性强的建设项目。

3.加快建设"三个体系"

"三个体系"是指"建立健全覆盖人民群众的档案资源体系、方便人民群众的档案利用体系、确保档案安全保密的档案安全体系"。三者是相互联系、相互作用、相互影响的。其中，档案资源体系是基础，是根本；档案安全体系是保障，是为档案资源体系和档案利用体系服务的；档案利用体系是目的，是归宿，是档案事业发展的效益工程。"三个体系"建设既与档案信息化密切相关，又为档案信息化发展指明了方向。

档案资源体系建设是档案信息化的核心内容。针对国内档案信息资源建设发展不同步、标准不统一、信息"孤岛"依然存在的现象，应加大建设力度，初步形成完整配套的档案信息资源体系。在加快传统档案数字化步伐的同时，加大对新生电子文件规范化的监督和控制，建立电子文件归档及电子档案接收应用系统，推进电子文件归档和电子档案的接收、保管与利用，逐步建设全国性可共享的档案目录数据库、纸质档案全文数据库、电子档案数据库和多媒体档案数据库；加大档案信息资源的整合，一方面加强各部门档案信息资源的纵向整合，另一方面加大与其他相关信息系统之间的横向整合，实现档案信息资源的共建共享。

档案利用体系建设是档案信息化的服务方向。通过建立档案信息共享通道和服务平台，拓展档案信息服务社会的渠道，强化档案信息资源共享机制，逐步减少"信息孤岛"，加快档案信息资源的开发利用，挖掘档案信息利用服务的社会效益和经济效益，建立高效、优质、快捷的新型档案利用服务体系。

档案安全体系建设是档案信息化的重大课题。档案部门必须始终坚持把档案信息安全与档案实体安全放在同等重要的位置，通过提高认识，强化管理，采用先进技术和各种有效措施保障档案信息安全，确保数字档案和电子档案内容真实、长久可读和有效利用。

4.增强档案信息化的理论体系研究

档案信息化建设发展至今，已到了强烈呼唤先进理论的时候，这种"倒逼"现象，是由信息化建设"技术引领需求"的特有规律所决定的。档案信息化建设之初，大家都尝试将传统档案管理基本理论运用到信息化建设实践中。随着实践不断深入、范围不断扩大，目前档案信息化建设遇到了"瓶颈"，在一定程度上是由于缺乏相应的理论指导，导致法规不健全、标准不配套、研究方向不明确、管理对象不明晰等问题出现。数字档案馆、电子文件中心、档案信息服务体系、档案信息利用体系、档案信息安全保障等档案信息化建设中的热点、难点问题，也需要基础理论来支撑。档案信息化理论研究要立足于档案工作实践、行业特点、专业特色探索档案信息化发展规律，构建系统的、具有中国特色的档案信息化理论体系，引领、指导档案信息化工作。

5.大力推进档案信息化成果共享与交流

应本着成果资源共享的原则，有效整合政府、院校、企业的智力资源，积极吸纳和采用具有全国推广价值的档案信息化技术研究成果，减少项目重复建设，节约国家投资。国家应对已经实施档案信息化建设的单位加强经验总结和理论研究，搭建一个交流平台，把取得的成果在档案业界进行推广和共享。另外，在具体项目建设过程中，要立足实践应用，合作攻关，充分吸纳先进信息技术的成果，优化建设中的各种技术方案和各种技术选型要求，解决具体的关键技术应用问题，注重使用标准规范的研究成果，引导市场，重点培育精通档案信息化建设业务的IT企业。

6.积极探索档案信息化建设评估体系

档案信息化建设是一项系统工程，涉及的范围很广，它几乎涵盖了档案业务建设的所有内容。在档案信息化建设过程中若要确保建设质量，弄清建设中的短板或缺陷，就需要对档案信息化建设实施评估。评估作为一种控制手段，需要建立一套科学、合理、可行的评估体系，该体系需要从系统论的角度考虑，全面分析评估体系的各个构成要素，合理设置评估指标，综合考量档案信息化建设成效，尤其是最后的评价结论要成为推进和改进档案信息化建设的重要参考依据。

（二）档案信息化建设的任务

档案信息化建设任务归纳为以下六项内容：

1.档案信息化基础设施建设

基础设施是档案信息资源收集、管理、开发利用的物质基础和技术条件，主要包括计算机和网络的软硬件系统、数据库管理系统、网络系统以及计算机用房设施等。基础设施应当从先进性和适用性相统一的原则出发，按照档案信息化建设的规划和应用系统建设的实际需求，进行采购、配置和安装。目前，全国尚无统一的档案信息化基础设施建设规划，强调将档案信息化基础设施建设纳入本地区、本行业、本单位信息化发展总体规划，与电子政务、电子商务、办公自动化等基础设施共同建设，形成统一的系统平台和设备环境，以便获得必要的资金、技术支持，相互协调发展。

2.档案信息资源建设

档案信息资源是国民经济和社会发展的战略资源,档案信息资源建设的任务包括三个方面:一是开展档案目录和全文信息资源总库建设,满足机读目录检索和共享利用的需要;二是加快馆(室)藏档案的数字化工作,加强对珍贵档案的保护,满足档案内容网络查询利用的社会需求;三是加强电子文件归档和电子档案移交进馆,将具有档案价值的电子文件收集好、管理好和利用好。档案信息资源建设应当与数字档案馆、数字档案室,以及社会公共信息库、所属单位管理信息库的建设相结合,充分实现资源的无障碍传输,互联互通和共享利用。

3.档案管理应用系统建设

档案管理应用系统建设是信息技术与档案工作需求相结合的产物,是实现档案信息化实用价值的关键环节。其主要任务包括:研制开发和推广应用相对统一、符合规范的档案管理软件,包括电子文件归档管理、数字档案馆、数字档案室、档案行政管理等软件;推进档案信息化与电子政务、电子商务、办公自动化的同步发展;建设档案网站,并与本地区、本系统各级各类档案门户网站建立链接;运用档案管理系统开展档案管理各项业务,并做好应用系统的维护。

4.档案信息化标准规范建设

标准规范化是档案信息化建设的重要基础,要在充分调研的基础上,根据国际标准和通用规范,逐步推出适合我国国情的档案信息化标准规范。档案信息化标准规范体系包括管理型、业务型和技术型三种,其内容包括电子文件归档和电子档案管理,档案信息资源的标识、描述、加工、存储、查询、传输、转换、管理和使用等,逐步形成具有中国特色的档案信息化的标准规范体系。形成的标准规范体系应与信息源(档案生成者)、信息用户(档案利用者)的标准规范体系兼容,使分散的档案机构、档案信息系统、档案资源库集成为有机的整体,真正在跨地区、跨行业、跨层次、跨部门的广阔空间内最大限度地实现档案信息资源的广泛共享。

5.档案信息化人才队伍建设

坚持以人为本,始终把培养人才、建设队伍、提高人的素质放在第一位。将信息技术基础知识培训列入档案干部培训教学计划;加强档案信息化建设相关技术、技能培训课程与教材的建设;加强对档案业务人员实用技术的操作培训;更新档案人才队伍的知识结构,在内部培养人才的同时,吸纳社会信息技术人才力量，形成开放式的人才队伍，形成尊重知识、尊重人才、鼓励创新、人尽其才的良好工作氛围，营造优秀人才脱颖而出、健康成长、才尽其用的政策环境。

6.档案信息安全保障体系建设

档案信息化安全责任重于泰山。档案信息安全保障体系建设包括：建立档案信息安全保障组织体系；健全档案信息安全管理的法规制度；加强档案管理应用系统的安全管理；采取管理和技术手段确保档案信息网络传输的安全；加强对档案信息安全的行政监管和业务指导；加强档案人员的安全教育等。

第二节　图书馆档案管理信息化建设的必要性

随着我国信息技术的快速发展，信息技术已经充分融入各行各业的发展之中，有效促进了各产业的前进。

一、当前图书馆档案管理信息化建设存在的问题

"图书馆建设是地区文明的标志之一。信息化背景下，图书馆档案管理信息化建设是图书馆管理改革的必要方向。"[①]目前不少图书馆对档案管理工作的重要性认识还不够充分，对很多图书信息没有建立起完整合理的档案，导致无法高效准确地提供所需要的图书档案信息，目前的管理模式面临极大挑战，存在的问题主要表现在以下三个方面：

第一，缺乏高效的网络平台，工作效率不高。目前，很多图书馆档案信息化服务网络平台的建设不是十分理想，很多图书馆的信息化设施虽然已经建设完善，但缺少信息资源建设，没有发挥出信息化网络平台的共享性优势，没有提供图书馆资料网络信息服务，导致很多读者不能及时高效地检索所需要的图书信息，或者检索到了信息却发现信息不完整甚至没有实质性内容。此外，还缺少能让读者进行交流信息的网络平台，资源共享的服务性网络化平台还不够完善。

---

① 兰美菊.图书馆档案管理信息化建设存在的问题及完善对策[J].城建档案，2021（2）：40-41.

第二，图书馆档案信息化管理人员的素质不高。很多图书馆的管理人员存在着专业素质不高的现象，图书馆领导对馆员的重要性认识不够，往往忽视了管理人员的专业素质培养和人性化管理，导致管理人员服务的主观能动性不能被很好地调动。有的图书管理人员计算机应用能力不高，只停留在简单的操作上，利用网络开发信息资源的能力有限，借助计算机开展图书管理的水平有待提高。

第三，信息化管理平台二次开发能力有限。一些图书馆花费巨大的人力、财力和物力建立起档案管理信息化平台，但运用却不够全面和深入，仅停留在一些最基本的功能上，对一些高效实用的应用方法和模式完全不知道如何应用。一些信息化设施长期得不到应用，信息化管理平台不能完全发挥其应有的作用。

二、图书馆档案管理信息化建设的必然要求

在图书馆档案管理工作中，进行的信息化建设工作的必要性体现在以下方面：

（一）信息时代发展的必然要求

当前信息时代的发展非常迅速，以往依托人力开展的纸质档案管理工作已经无法满足当前档案管理的需要，常会出现纸质档案记录错误、丢失以及长期保存后的墨迹脱落、纸张霉变等情况，而且图书馆在管理纸质档案时还需要专门开辟档案室进行保存，一旦发生火灾将会出现档案毁灭情况。在当前的信息化时代中，记录图书馆历史沿革的大量档案信息可以全部在互联网平台上进行记录，一般不会发生遗失情况，所记载的档案信息翔实且清楚，未见有模糊不清的情况出现，无需设置专门的存放区域，仅需要在日常的档案管理工作中维护好存放档案的计算机系统设备即可。并且记录的档案在读者有需要时，可以依托检索平台进行快速的查询，若为相关图书信息，也可以通过检索平台尽快确定放置的书架，方便读者直接找到存放地点，满足读者的阅读要求。

（二）档案信息共享的要求

以往存放的档案信息在读者查阅时有着较多困难，档案的利用价值被极大抑制，所以随着信息化时代的发展，图书馆可以依托建设的信息化档案管理平台，实现档案信息的共享，应用时用户可以登录档案查阅平台，注册登录用户信息，

便可以在不受时空条件约束的前提下及时便捷地获取信息，从而图书馆可有效扩大档案信息共享的途径，节约读者的档案信息阅览的时间，减轻档案管理人员的工作量，加快图书馆档案信息化建设管理的进程，有效提升档案管理效果。

第三节　图书馆档案管理信息化建设的完善对策

图书馆档案管理信息化平台改变了传统图书馆档案信息搜集、加工、存储、检索、处理、再生和利用的方式，其基本的构建思路是依托计算机设备和互联网环境在全球范围内实现了信息传播与信息共享。本节主要从以下几个方面阐述信息化建设的方法和措施。

一、增强档案管理信息化平台的构建

档案管理信息化平台的构架就是采用计算机技术和信息技术将图书馆内的档案信息互联成一个分布式的图书馆群体，同时，通过宽带高速互连的计算机网络将信息服务对象、信息资源和信息技术结合起来，把不同地理位置上及不同类型的信息，按统一标准有效存储、管理并通过易于使用的方式提供给读者。充分利用图书馆现有实体和网络虚拟资源，依靠现代信息技术，为图书馆提供知识面更广的信息化服务，超越空间和时间的约束，使读者在任何时候、任何地方都可以在网上远程跨库获取所需的信息资源，达到高度的资源共享。

另外，要加强对档案管理信息化平台的二次开发和运用，计算机技术和信息技术时刻都在不断更新和发展，要构建出先进的信息化平台，就要不断运用这些新技术，同时，结合图书馆自身条件和发展的特点，构建最适合自己的信息化平台。

二、提升管理人员的专业素质，加强业务培训

图书馆管理人员的专业素质和业务水平是图书馆档案管理信息化建设平台的关键，也是图书馆适应现代信息社会发展的决定性因素。特别是管理技术和计算

机信息技能。只有将管理人员的专业素质提升上去，才能更好地运用计算机信息技术，把信息化平台的建设搞上去，更好地发挥信息化平台的作用。图书馆领导层首先应认识到这一点，然后采取各种措施提高业务技能，例如，定期开展业务培训，采取参观学习、不定期举办各种形式的信息化管理技能研讨会等，不断提高管理人员的思想政治水平和专业水平。

三、在档案管理信息化平台中实施人性化管理

所谓人性化管理，是指在构建信息化平台时，要树立人性化服务的理念，树立"以人为本，读者第一"的理念。一方面要从读者的角度出发，对馆藏文献和信息资源进行深层次开发，以方便读者利用图书资料、信息资源进行交流，汲取知识，拓宽视野，实现图书馆管理人员与读者之间的互动，提供个性化的信息服务。另一方面，要尊重读者的平等人格，理解读者、方便读者，对读者一视同仁。

四、在档案管理信息化平台中倡导个性化弹性管理

随着社会多元化的发展，读者对图书馆的需求也呈现出多元化和综合化的趋势。一方面，如何结合计算机技术和网络信息技术展现给读者一个不一样的、精彩纷呈的信息化阅读平台，是每个图书馆信息化建设的重要目标之一。另一方面，随着各种硬件设施的发展，如何满足不同需求的读者个性化需求和弹性化需求，也是图书馆阅读平台建设的要求。因此，在档案管理信息化平台建设的过程中要建立决策权下移的分权型弹性化的组织结构，弹性化可以加快信息传递速度，使每个管理人员的决策更有效率，对管理人员的能力培养和个性化服务能力的塑造，也是构建图书馆个性化服务的根本所在。

结束语

在社会经济的高速发展之下,科学技术也取得了显著的发展进步,互联网技术、信息化技术、云计算等技术在人们的日常生活与工作中有着非常广泛的应用,所以图书馆也需要与时俱进,投入大量的资金和技术进行档案管理工作的信息化建设,以此提升档案管理工作的质量以及效果,确保馆藏于图书馆的档案资料不会发生内容失真、遗失等情况,档案读者可以依托构建的电子档案查询平台方便、快捷地查询需要的资料。基于此,本书对图书馆档案信息服务及信息化建设工作重要作用进行了分析,并且提出了几方面有助于信息化建设的措施,以此为更多图书馆高质量、高效率地开展现代化的档案管理工作提供参考经验。

参考文献

一、著作类

[1]陈曹维,蔡莉静.图书馆科技查新服务与科技查新管理系统[M].北京:海洋出版社,2011.

[2]方意平.图书馆信息服务理论与实践[M].武汉:武汉出版社,2008.

[3]金波,张大伟.档案信息化建设[M].上海:上海教育出版社,2016.

[4]马利华.图书馆信息管理与服务研究[M].延吉:延边大学出版社,2019.

[5]穆丽红,王丽敏.图书馆信息研究与服务[M].北京:海洋出版社,2013.

[6]潘潇璇.档案管理理论研究[M].延吉:延边大学出版社,2018.

[7]四川省档案局.档案信息化建设[M].成都:四川人民出版社,2017.

[8]张晖.高校图书馆信息服务创新研究[M].北京:清华大学出版社,2015.

二、期刊类

[1]白萍.浅谈高校图书馆科技查新服务工作[J].企业改革与管理,2015(19):217,219.

[2]褚庆玲.图书馆档案管理信息化建设方法和措施探讨[J].中国管理信息化,2015,18(20):161.

[3]丁文伍.图书馆个性化信息服务[J].无线互联科技,2013(10):168-168.

[4]鄂丽君.高校图书馆科技查新服务调查与分析[J].情报杂志,2012,31(1):180-184.

[5]方梅青.图书馆个性化信息服务[J].百科论坛电子杂志,2019(11):745-746.

[6]侯菊玲.高校图书馆个性化信息服务问题研究[J].办公室业务，2021（1）：89-90.

[7]胡玮玮.对高校图书馆竞争情报服务工作开展的思考[J].长江丛刊，2019（9）：159-160.

[8]黄琳皓.高校图书馆竞争情报服务新论[J].图书馆界，2015（4）：79-82.

[9]黄一萍.图书馆电子文献传递服务的著作权问题研究[J].传播与版权，2022（2）：120-124.

[10]贾颖.关于图书馆阅读推广困境与对策的分析[J].内蒙古科技与经济，2022（6）：156-157.

[11]李广利，刘兰，张芹.高校图书馆科技查新服务营销策略研究[J].图书馆工作与研究，2014（3）：13-16.

[12]李铭.探究高校图书馆文献传递服务模式[J].兰台世界，2014（32）：114-115.

[13]李溪溪.图书馆档案管理信息化建设存在的问题及完善策[J].善天下，2020（16）：367.

[14]李苑蔚.图书馆个性化服务研究热点和趋势分析[J].济源职业技术学院学报，2022，21（2）：18-22.

[15]凌霄娥.图书馆文化传承与文化育人的理论及实践[J].广西民族师范学院学报，2021，38（3）：30-35.

[16]龙珍付，谭晓霞.图书馆档案管理探讨[J].合作经济与科技，2016（14）：90-91.

[17]彭梅.图书馆档案管理与图书馆事业的发展[J].兰台内外，2021（7）：16-18.

[18]钱梅蕾.图书馆信息服务中微信的运用研究[J].通讯世界，2021，28（3）：279-280.

[19]田爱民.图书馆档案管理信息化建设的重要性和关键步骤[J].中国管理信息化，2015，18（20）：165.

[20]王娜颖.高校数字图书馆个性化信息服务的开展探索[J].知识经济，2022，596（3）：120-122.

[21]谢金星.高校图书馆个性化信息服务研究[J].现代情报，2006，26（2）：

138-139，141.

[22]许惠（石羡）.图书馆档案管理探究[J].图书馆建设，2009（9）：95-98.

[23]钟昕.图书馆档案管理信息化[J].中外企业家，2014（5）：203-203.